U0605686

影视广告创意与制作

聂　阳　陈松洁◎著

吉林出版集团股份有限公司
全国百佳图书出版单位

图书在版编目（CIP）数据

影视广告创意与制作 / 聂阳 , 陈松洁著 . -- 长春：
吉林出版集团股份有限公司 , 2024.4
ISBN 978-7-5731-5124-7

Ⅰ . ①影… Ⅱ . ①聂… ②陈… Ⅲ . ①影视广告—广
告设计②影视广告—制作 Ⅳ . ① F713.851

中国国家版本馆 CIP 数据核字 (2024) 第 111079 号

影视广告创意与制作
YINGSHI GUANGGAO CHUANGYI YU ZHIZUO

著　　者	聂　阳　陈松洁	
责任编辑	关锡汉	
封面设计	张　肖	
开　　本	710mm×1000mm	1/16
字　　数	195 千	
印　　张	11.75	
版　　次	2025 年 1 月第 1 版	
印　　次	2025 年 1 月第 1 次印刷	
印　　刷	天津和萱印刷有限公司	

出　　版　吉林出版集团股份有限公司
发　　行　吉林出版集团股份有限公司
地　　址　吉林省长春市福祉大路 5788 号
邮　　编　130000
电　　话　0431-81629968
邮　　箱　11915286@qq.com
书　　号　ISBN 978-7-5731-5124-7
定　　价　74.00 元

前　言

从某种意义上说，广告就是我们这个时代较为显著的视觉符号。作为一种传播方式，它逐渐成为推动社会发展的关键因素和核心内容之一，同时也是塑造日常生活的重要手段和素材。更为关键的是，其已经逐渐转变为一个与电影、报纸等主流媒体齐名的社会审美生产中心。广告的存在和发展，正深深地影响着人们的视听感受和心理体验。

实际上，不论我们身处何方，都能感受到各种不同形式、不同风格、不同主题的广告信息带来的刺激和冲击。无论人们是否同意，广告的效果都会直接影响到我们的视觉和听觉。广告作为一种特殊的传播活动，在当今社会中扮演着极其重要的角色。它不只渗透到我们的日常生活中，同时也对社会的经济活动和思想观念产生了深远的影响。

广告作为一种特殊的文化现象，它以自身特有的魅力对人类社会产生着巨大而深远的影响，并成为人类文明进程中不可或缺的一个组成部分。人类社会从原始时期的口耳相传到后来的书面记录，再到现在的电子媒介，都离不开口语传播这个最基本、最主要的载体。在文字出现之前，人们主要依赖于口头传播。文字及其书写方式在时间和空间上增强了口头传播的效果，但这也削弱了口头传播的直接性和愉悦感；当语言不再以其抽象而神秘的力量征服人之心灵时，人类又不得不面对另一种形式的语言——语音的表达。影视作为一种新媒介形式，将文字的声音信息转化为视觉符号进行传播，这实际上代表了影视与文字之间存在着不可忽视的互动关系。视觉与听觉被同时纳入了电影文本中。因此，电影和电视的图像获得了文字无法体验的生动形象。

正因为这个原因，电影和电视变成了一种方便的模拟媒体。影视不仅是艺术，更是生活的记录与再现。影视作为一个文化符号，其最重要的功能就是传播信息、娱乐人，它可以将人们从现实中抽离出来，让人们在虚拟的环境里感受真实。影视是人类历史上最重要的艺术形式之一，它所具有的巨大影响力，使其与其他各种艺术形式一起构成了一个完整的系统。影视逐渐"大众化"并成为大众传媒的一部分，这意味着影视成为一种较直接、较具表现力的传播方式。影视艺术的繁荣使它成为当代大众文化中最重要也较具活力的组成部分。在现今的社会背景下，电影和电视的发展实际上已经与人们的日常生活和生存紧密相连，并且这种紧密的联系将持续影响社会的整体进步。同时，影视广告的蓬勃发展，深刻影响着人们的生活。

为了满足影视广告爱好者的学习需求，作者总结多年的经验和心得，完成了此书。本书将围绕影视广告创意与制作展开论述。

本书第一章为影视广告概述，分别探讨了影视广告的定义与特征、影视广告的发展与历程、影视广告人的综合素养三个方面的内容；第二章则从影视广告策划概述、影视广告策划的分析、影视广告的表现策划与媒体策划、影视广告的策划书四个方面对影视广告策划进行了介绍；第三章对影视广告文案进行了介绍，包括影视广告文案概述和影视广告文案的创作两方面的内容；第四章为影视广告创意，从创意技巧、创意的特点和创意的格式三个角度分别进行探讨；第五章为影视广告视听语言与拍摄，主要探讨了三个方面的内容，分别是影视广告视听语言、技术语言——蒙太奇、影视广告的拍摄；第六章为影视广告的后期制作，从剪辑、后期合成、3D 软件的应用和音频制作四个角度分别进行探讨。

在撰写本书的过程中，作者参考了大量的学术文献，得到了许多专家学者的帮助，在此表示真诚的感谢。但由于作者水平有限，书中难免有疏漏之处，希望广大同行指正。

聂阳　陈松洁

2023 年 9 月

目录

第一章　影视广告概述

影视广告是非常奏效且覆盖较广的广告传播方式之一。本章是影视广告概述，主要从三个方面进行了阐述，分别是影视广告的定义与特征、影视广告的发展与历程、影视广告人的综合素养。

第一节　影视广告的定义与特征

一、影视广告的概念与分类

（一）影视广告的概念

影视广告介入人们的生活源于电影和电视技术的发展。早期影视广告是用电影胶片来拍摄的广告作品，用于在电影、电视节目中播放。后来随着科学技术的飞速发展，影视广告经历了电影胶片拍摄到模拟信号拍摄，再到数字技术拍摄的过程，进入数码时代的影视广告有了更清晰的图像，更好的色彩饱和度和更精良的制作成为消费者更喜欢的广告类型。

电视广告是最常见的影视广告形式。现代影视广告主要指电视广告，因为随着电视的普及，电视已经成为人们获得信息的主要途径。电视广告正是借助于这一大众媒体将商家的广告信息传播到广大受众中。电视广告也以其声画结合的方式，成为最受欢迎的广告形式。

电影广告是以电影及其衍生媒体为载体的广告形式。电影广告可以分为电影推片广告和电影搭片广告。电影广告的形式已经潜移默化地走进了我们的生活中。

（二）影视广告的构成

人们欣赏影视广告是以视听为依托的，因此，无论从影视艺术，还是单纯从影视广告来说，画面和声音都是影视广告基本的构成要素。

1. 画面

画面是影视广告的视觉构成语言，包括画面造型语言和镜头语言。

2. 声音

在影视广告信息的传播过程中，声音元素是表达和交流思想内容的重要手段之一，它与画面元素一样，具有叙事、描写和抒情的功能。

影视广告中音乐的主要功能是表象功能，人们能够运用音乐构造"形象图画"，按照运用的形式来划分影视广告中的声音，有平行声和对照声两种。

（三）影视广告的类别

影视广告千差万别，清晰的分类模式可以更好地了解掌握广告为播出效果提供有价值的参照和选择。我们可以将影视广告作出如下分类：

1. 按照播出类型分类

可以将影视广告分为节目广告、插播广告和冠名广告三种。以下主要解释插播广告与冠名广告：

（1）插播广告

在电视、电影、广播等节目的播出过程中，中断节目的播出，转向播放商业或者公益类型的广告等内容，称之为插播广告。

（2）冠名广告

冠名广告则是广告的另一种独特形式，常见的有片头标版，还有一种是由主持人口播，如："欢迎准时来到某某某冠名播出的某某节目"。这种冠名广告的形式是通过语音对观众反复进行提示，以语音形式来强化并提示消费者。

2. 按照功能类型分类

影视广告可以分为影视商品广告、影视表演广告、影视公益广告和影视形象广告。

（1）影视商品广告

影视商品广告通过各种媒体宣传或传递商品信息给目标受众。商品广告不仅仅局限于商品本身，还涵盖了企业广告，即生产者或商品经营者向消费者展示和推广商品的宣传广告。影视节目作为一种特殊形式的宣传手段，在我国有相当长一段时期被当作商品广告宣传。影视业中的商品广告与一般商业广告不同。

（2）影视表演广告

影视表演广告是以影视表演为基础的广告形式，在这种广告中则往往习惯以一段影视故事为广告的诉求基础，通过故事情节的交代与设计，突出产品的主要特色。

（3）影视公益广告

影视公益广告的设计致力于服务社会大众的实际利益和社会风尚。影视公益广告是企业广告与公益宣传相结合的产物。

（4）影视形象广告

影视形象广告通过与消费者和广告受众进行深度交流，可以提高企业的知名度和美誉度，产生对企业及其产品的信任。在影视制作中运用形象思维方式创作出优秀的影视作品，可以实现宣传效果的最大化。广告的主要目的是塑造企业的正面形象。

二、影视广告的特征

影视广告之所以受到广告主和消费者的青睐，是因为影视广告承载的媒体所具备的特性。因此，影视媒体的特点也就决定了影视广告与其他广告形式的不同。

（一）影视广告传播符号的综合化

从符号学角度考虑，影视广告集视觉符号与听觉符号于一身，相较于其他的广告渠道，影视广告所采用的传播元素要多得多。影视传播媒体有声音、图像以及文字三种基本传播方式，其中以声音为主。声音又分为视觉符号与听觉符号语言两种类型。影视广告中的各种符号可以使消费者形成多种印象并引起联想。

在影视广告的传播中，符号的综合性体现在语言符号的一致性与非语言符号的兼容性上。因此可以用一种新的观点去研究影视广告传播符号问题。美国传播学家施拉姆认为"符号可以是语言的或非语言的，可以是看的、听的、嗅的和触摸的，它可以是讲话、文字、印刷品和画片，可以是一个姿势、一个微笑、搭在肩上的一只手、一阵大笑或一股香味"[1]。影视广告传播过程实际上也是一种信息传递的活动。根据相关的调查和分析，通常在两个人的对话中，语言所传达的意义平均不超过该环境的社会意义的35%，其中65%的社会意义是通过非语言符号来传达的。因此，电视媒介对人类生活影响极大，而电视广告作为一种特殊的传播方式，其重要性不言而喻[2]。因此，影视广告作为非语言符号的画面应放在首要地位，也就是影视广告的画面应优先设计制作。

（二）影视广告的传播范围广泛化

随着电子技术的发展，影视广告已经不再局限于电影和电视媒体中，出现了网络影视广告、楼宇影视广告、电梯影视广告等，越来越多的渠道开始播放影视广告，这也使得人们即使不在家看电视或不去电影院，也可以接触到影视广告。

尽管如此，电视仍然是最大众的影视广告载体，电视已成为最强有力的传播媒体，电视的普及与影响已扩展至全球，使全球化传播不只是一种可能，而成为无限延伸的事实。因此，电视广告的传播范围是相当广泛的，具有极强的渗透力。

---

① 李莉.电视播音与节目主持的差异化再辨[J].新闻论坛，2022，36（1）：53-54.
② 黄匡宇.广播电视学概论[M].广州：暨南大学出版社，2017.

尽管影视广告的传播范围是相当广泛的，但影视广告传播范围的广泛性也是相对的。从世界范围看，电子媒体传播所到之处，也就是影视广告所到之处。但就某一则具体的影视广告而言，其传播范围又是相对狭窄的。

近年来，世界上许多国家都加快了电视传播的数字化进程。数字化技术在电视领域的使用从根本上解决了电视频道资源短缺的问题。频道资源的丰富促使经营者转变经营观念和经营策略，突破传统的面向大众的单一传播模式，大力发展面向特定观众、满足相对少数的观众的特别需求的"窄播"传播，这就是频道专业化。频道的专业化也带来了广告传播理念的改变，从"广播"走向"窄播"。

信息时代的到来，使网络影视广告越来越成为时代的宠儿。此外，信息时代的广告出现了日益多样化、高技术化、大型化的趋势。电脑数字技术给广告制作、传播带来了翻天覆地的变化。网络影视广告在媒体运用方面更讲究创造性、革新性和杰出性。广告创意表现力极强，适合于在当今这个快节奏的广告文化普及的世界中轻松地跨越国界，迅捷地传播商品信息。

（三）影视广告的传播大众化

影视广告是面向广大受众进行传播的，影视媒介对受众的受教育程度要求较低，在接受上也很少存在障碍。因此，影视广告受众具有极强的广泛性。

影视广告传播范围的广泛性，同时产生出传播对象构成的复杂性，不论性别、年龄、职业、民族等，只要看电视都将成为电视广告的传播对象，这种状况导致影视广告诉求对象不够准确、针对性不够强，容易形成广种薄收的局面。事实上，正是由于影视广告传播大众化，使得受众众多，而转化为现实的买主或客户者有限，这也带来了影视广告在预测和效果评估上的困难。

（四）影视广告的传播对象具有被动性

电子传播信息，受众选择相对被动。大多数观众看电视时经常抱怨播出的广告太多了，即使想看的节目中插播了不喜欢的广告，只好选择继续收看或是换台，观众在看电视时，对广告的接受是被动的，缺乏主动选择性。

观众在接受传播时虽然主动选择性相对较差，但对于电视播出的节目内容顺序事先并不知晓，总是带着些许期待观看内容或下一个节目，这时电视广告是可以在不经意间进入观众的心中，在他们尚未建立心理防备时就已接受了广告信息。

（五）影视广告通过反复播出强化记忆

影视广告在时间上是一次传播，不论是否看清楚，都不可逆转。它不像纯视觉的报刊广告、摄影广告、路牌广告等，可以反复观看，直到看清楚为止。电视传播也同无线电广播传播一样，存在着信息的即逝性。因此，影视广告要靠反复播出，以加强印象。不过这样做，虽然会带来轰炸效果，但也会增加企业成本，况且广告时间的安排也可能导致广告针对性不强。

（六）影视广告的制作费用高、周期长

影视广告片制作的工艺过程复杂，需要较长的制作周期和较高的制作费用。影视广告的费用可以用"昂贵"来形容，不仅仅是播出时购买时段的费用昂贵，较之于其他平面媒体，影视广告的制作费用也相对昂贵。20世纪80年代，在美国一条30秒的广告片的平均制作费用约为10万美元；但到了90年代，一条30秒的广告片平均制作费用就超过了27.5万美元。在我国，影视广告制作费用也在节节攀升，以30秒广告为例，20世纪80年代仅需要数千元，1995年后则需要10万元以上，若是有较大场面外景拍摄则需要100万元以上，请名人代言广告的拍摄费用更高。2016年到2023年，大部分明星的代言费都已达到七位数，名气较高的甚至达到了八位数。这么高的价格使很多小企业望而却步，越来越多的影视、体育明星也因其代言的名牌产品走进了消费者心里。

影视广告制作周期长，使其远不如广播广告和报刊广告那样有较强的灵活性和可调控性。影视广告片又比一般的电影、电视节目的技术要求更高。国际上电视广告影片拍摄的耗片比一般是100∶1，多工种的配合，从前期拍摄到后期制作，再到联系投放媒体选择播出时间都需要长时间来完成，不像平面广告制作和发布那样简单快速。

第二节　影视广告的发展与历程

一、国外影视广告的发展历程

外国的影视广告和电视行业几乎是齐头并进的，例如美国在 1920 年率先对电视机进行了研究；在 1925 年，英国的科学家贝尔德创造了一台电视机；1936 年，英国在伦敦启动了首个电视台的建设；在那一年，英国广播公司（BBC）开始正式播放电视节目；从此，广播电视进入人们日常生活中并得到广泛发展。1940 年，美国成功研发了全球首部彩色电视设备；1954 年，彩色电视节目正式亮相，从此电视成为人们日常生活中不可或缺的重要内容之一。

从影视制作的技术角度来看，影视广告可分为三个阶段：现演现播的现场演出期、电影胶片拍摄的胶片广告期、录像带拍摄和制作的录像带广告期。

（一）现场演出期

20 世纪 40 年代，是影视广告的初步发展时期，当时制作的影视广告多是演员拿着麦克风念广告词，或在一旁配以简单的音乐，如吉他等乐器，拍摄的场地也十分简单，广告区通常设置在摄影棚的角落，背景只有一个小小的幕布，在正式的节目播出间隙，导播用淡入淡出的方式将广告播出，由于制作完全是现场完成，所以无法保证广告播出的质量。因此，当时影视广告也未受到太多广告商的重视。

（二）胶片广告期

20 世纪 50 年代，随着电影技术的发展，影视广告开始使用电影胶片拍摄，初期的广告片大多是手绘的卡通影片，配合广播广告中的配音，改良成影视广告。1952 年，美国一家生产除臭剂的商家拍摄了一则影视广告，把这桩生意交给了李奥贝纳广告公司，为了让客户满意，广告公司使用了 35mm 的电影胶片拍摄了 5 秒钟的无声广告，这也是世界上第一条实景拍摄的影视广告片。播出时，播完影视广告马上接了一段现场表演广告："啊！STOPETTE，汗臭全消。"

广告播出后，引起了强大反响。越来越多的广告商也开始效仿，拍摄影视广告宣传自己的产品。于是伴随着市场需求，拍摄专业影视广告的广告公司也应运而生。

（三）录像带广告期

1957 年，美国开始使用录像带拍摄电影，在这之后，影视广告也开始使用录像带拍摄，随着一代代录像机的更新和电影技术的迅速发展，影视广告的制作水平也不断提高，录像带广告以其制作周期短、制作成本低受到了更多的广告商的喜爱。影视广告的播放，对二战后美国经济的迅速发展、商业的繁荣和信息的传递，起到了不可磨灭的作用。

在英语里，一般以"CF"代表影视广告，也就是被译为"商业胶片"。"TVCM"专指电视商业广告，"VCM"也是中文"电视广告"的意思。

二、中国影视广告的发展历程

广告作为一种传播信息的活动，自古就已经在中西方出现。美国著名的广告学家辛普逊在《广告的历史》一书中说："商品的招牌和摊位牌可能是广告的首次努力，其历史可以追溯到人类活动的最早期。公认的现存最早的文字广告出现在公元前 3000 年。"[1] 广告内容实际上是一则寻人启事："解姆身高 1.57 米，红脸，茶色眼珠，谁能提供他的下落，就赏半个金币，谁能把他送到织布匠家里来，就赏一个金币。"

我国早在殷周时代，就形成了"日中为市"[2] 的交易形式，将要交换的东西陈列起来引人注目，还要通过叫卖来唤起人们的注意以促成交易，因此，陈列和叫卖是比较原始的口头广告形式。

在我国北宋著名风俗画《清明上河图》中，可以清楚地看到河岸边靠近桥头的位置，楼上悬挂着书写有"新酒"二字的彩条旗，是酒店的广告，旁边店

---

① 李文斌. 现代语境中的广告语言审视 [D]. 福州：福建师范大学，2007：77.
② 叶全良，余鑫炎. 商业知识辞典 [M]. 武汉：湖北辞书出版社，1987.

门上悬挂着"脚店"字样的灯笼，是旅馆的广告。诸如此类的广告招牌在画中还有较多展示，非常形象地证明了我国北宋时期商业广告的繁荣与多样形式。

1045 年前后，毕昇发明活字印刷术，这种技术为广告的进一步发展提供了重要的技术支撑。

在我国，现藏于中国历史博物馆的北宋济南"刘家功夫针铺"的雕刻铜版，是世界上发现最早的印刷广告。"刘家功夫针铺"的"白兔儿"铜版，是中国最早的商标，也是迄今为止发现的世界最早的印刷广告实物。

1927 年，中国第一家广播电台由新新公司开办，"随着广播听众的增加，广播中的广告也越来越多，私营电台大部分依靠广告收入维持生计"[①]。从此时开始，广告业开始在我国逐渐发展起来。

在我国，影视广告的出现与国外影视广告的首播相差近 40 年，与我国电视的首播相差 20 多年。1958 年 5 月 1 日晚 7 时，北京电视台（中央电视台前身）试播成为中国电视的诞生日，同年 9 月 2 日正式播出电视节目，但没有电视广告的播出。

20 世纪 70 年代，我国各省市县相继成立了电视台，影视事业得到了更大的发展，1973 年中国第一次播出彩色电视节目，为影视广告的播出奠定了良好的技术基础。

从改革开放至今，我国影视广告经历了以下四个发展时期。

（一）1979—1985 年，传统广告的恢复时期

这一时期中国电视广告基本上处于空白状态，1979 年《为广告正名》一文的发表，为广告的发展提供了思想基础。一些曾经从事广告行业的人重新进入广告业，借着改革的春风将国外广告理论与经验引进国内，制作简单的路牌广告。

1979 年 1 月 28 日，上海电视台播出的"参桂补酒"广告在设计与运作上都十分粗糙，谈不上什么策划与创意，但对我国电视广告传播业来说具有重大意义，它结束了我国几十年没有电视广告播出的历史，具有划时代的意义。只可惜，现在已经查不到这则电视广告的影像资料了。

---

① 黄匡宇.广播电视学概论[M].广州：暨南大学出版社，2017.

这一阶段的大多数广告行为都只是简单的信息告白，手段单一，多是采用手绘的方式。广告复兴之初还只是一个"重操旧业"的时期，即温习传统广告做法的时期。随着社会经济的发展和科学技术的进步，现代广告逐渐从传统的以文字为主的宣传形式过渡到图文并重的方式。起初，广告制作者和商家仅仅认识到广告的目的是传递信息，他们更多地将其看作客观地展示商品的真实信息，而不是简单地报道普通的产品。在这种情况下，广告商便把广告作为一种宣传手段来对待。当进行广告宣传时，会向大众明确表示所拥有的产品，以及这些产品的特性、属性、功能和实际用途。在拍摄制作手法上，是从幻灯片过渡而来的，只是将平面广告直接搬上银幕或电视，一些电视广告把大量说明性的文字堆积在画面上，有的电视广告还把厂址、厂名、电话、电报等统统搬上画面，且占据相当长的时间。更多的电视广告无创意可谈，只是简单的告白。

这一时期，由于我国处于计划经济阶段，生产厂家只需要按计划生产，不需要过多考虑销售问题。在这种认识下，广告以其特有的方式对消费者产生影响，它的目的在于使消费者接受产品的特性，从而购买产品。因此，当时的广告策略主要是产品需求超过供应时，广告的播放就会减少。

尽管20世纪80年代初就有一些人评价国外现代广告理论和经验，但当时的中国市场并不需要它；尽管广告开禁以来就有不少外商广告进入中国，但当时的中国广告人对它视而不见，他们还是以那种最为简单的告白方式做自己的广告。

（二）1985—1992年，影视广告的探索时期

自党的十一届三中全会之后，伴随着改革开放政策，我国开始从计划经济模式转向市场经济模式，由原先的"以产定销"逐渐演变为"以销定产"。在这种转变中，广告的重要性在生产者和消费者的心中都得到了深刻的体现，因此如何有效地推销产品已经上升到了企业战略发展的核心位置。在这种情况下，我国的广告事业也得到迅速发展，并逐渐形成了一定的规模。在这段时间里，北京、上海等快速发展的城市陆续涌现了一系列中外合资的影视广告制作公司，

这些公司引进了一些先进的制作和营销理念，从而打破了媒体独家经营广告的现状。1983 年，中国广告协会成立以后，中国广告界与国外同行的交流频繁起来，大量优秀的影视广告作品不断涌现。1984 年 4 月，中国广告电视协会电视委员会成立。1985 年左右，以北京广告公司为代表的几家广告公司开始了自身内部的机构改革，以建立现代广告经营机制，并开始尝试为客户提供全面服务的现代广告制作方式，由此拉开了中国广告业走向现代广告的序幕。

相对传统广告"以生产为中心"[①]，这一时期的影视广告以消费者和用户为中心。广告必须以消费者的需求为基础，这就需要经过充分的调查研究，从消费者心理出发，从而确定产品定位、目标市场和诉求主题。要从市场调查着手，确定产品定位和目标市场，并依据消费心理拟定广告策略、广告主题、创意策略、媒介选择、效果测定，每一个环节都是采用科学管理的方法，由此形成了以创意为核心的思想。

"创意"在 20 世纪 80 年代初就闪现在一些国外广告理论的译著中，出现了"说服型广告"，注意到对不同消费群进行有针对性的诉求，使影视广告的创作出现了空前多姿多彩的局面。自从 1984 年，北京广告公司正式提出"以创意为中心，提供全面服务"[②] 后，创意成为中国广告实业界和理论界实质性的关注点，并切实影响到中国广告实践的现代转折。

20 世纪 80 年代后期，中国广告对"创意"的内涵进行了较为深入的探讨。这一时期的广告创意与设计充满了探索期的奇妙与迷乱，在总体水平上仍然较低，但还是出现了不少令人赞叹的作品，广州"白马广告"的浪漫梦幻诉求代表了 20 世纪 80 年代末 90 年代初国内广告创意的一种主导倾向。在广告的科学理性化创意方面，北京广告公司的"柯达胶卷"系列广告可谓先行一步。这一时期在科学理性化创意方面做得较为出色的是上海广告公司和中国广告联合总公司为西安杨森制药有限公司制作的系列广告。

20 世纪 80 年代末 90 年代初，广告诉求风格的人情化绝不仅仅是广东广告

---

① 何永祺. 基础市场营销学 [M]. 广州：暨南大学出版社，2004.
② 马梅. 广播电视广告概论 [M]. 合肥：合肥工业大学出版社，2009.

的倾向，而是整个中国广告的突出倾向，而这一倾向的原发地是广东，这一时期借助乡土人情、亲情进行创意的广告不少，其优秀者有"威力洗衣机"的电视广告片。这则广告是我国 20 世纪 90 年代的优秀作品，至今经久不衰，广告用黄色调表现怀旧，运用镜头语言叙事。广告的宣传极大促进了该商品的销售，树立了品牌形象。

（三）1992—1995 年，影视广告发展时期

在 20 世纪 90 年代，随着市场经济体制逐渐稳固，企业开始更加注重广告策划，使影视广告变成了赢得市场优势份额的重要手段。与此同时，广告形式更加丰富多样，各种新媒体和新技术不断应用到广告传播中来。尤其值得注意的是，大量的外国知名品牌纷纷进驻中国，展开了一场激烈的品牌营销竞争。在这样的背景下，广告营销逐渐发展成一种战略和战术相结合的综合运用。传统的战术型促销策略很难满足当前市场的需求，因此许多企业开始采用一些新的营销策略。其中一个很重要的方法就是广告植入。在广告中，广告语言越来越具有吸引力，广告内容也更加丰富，广告形式上也出现了更多的新特点。众多的广告都是从消费者的视角出发，详细描述消费者所关心的议题，强调情感的表达。

对广告的社会文化学研究是这一时期值得注意的新动向，这种研究试图在更广阔的视野中来理解和解释广告，以超越经济学的单一视野，将经济行为本身也是作为主体文化的一部分来加以考察。对广告的社会文化学研究不仅是对广告研究中的"经济学中心主义"[①]进行反驳，以强调广告的社会文化意义与道德责任，同时也从广告有效操作的层面研究了广告与社会文化的相关性。

（四）1995 年至今，影视广告整合营销传播时期

20 世纪 90 年代中期，我国影视广告开始进入激烈竞争的新阶段。1994 年以来，中央电视台（简称央视）每年都要举办广告黄金段位的竞标。这成为"中

---

① 余虹，邓正强. 中国当代广告史 [M]. 长沙：湖南科学技术出版社，2000.

国经济发展的晴雨表"①。1994 年，"孔府家酒"以 3000 多万元夺得了标王，从此燃起了每年争夺标王的广告大战。1997 年，"秦池"以 3.2 亿夺得该年标王，引起了舆论的关注。影视广告竞争日趋激烈，如 1997 年的彩电大战、1998 年的 VCD 大战、2000 年的茶饮料大战、2002 年的果汁饮料大战。到了 2009 年时，广告竞标越来越激烈，"2009 年春节联欢晚会报时"广告由美的集团夺得，中标价格是 4701 万元；上下半年电视剧特约剧场，纳爱斯集团，中标价为 3.05 亿元，比 2008 年的 2.29 亿元增加了 0.76 亿元，增长率为 33.19%。2016 年的央视黄金资源现场招标会，于 2015 年 11 月 18 日上午 9：19 分在北京梅地亚中心成功举行。耗时 9 小时、7 轮的激烈竞争，各类央视节目的品牌冠名权陆续公布，招标总额就公布的数字来看，已超 11 亿。第一轮竞标：2016 年里约奥运会《中国骄傲》独家庆贺，666 号企业伊利 1.75 亿中标，溢价超过 95%。第二轮竞标：2016 年里约奥运会《奖牌榜》独家冠名由 689 号光明乳业以 1.37 亿拿下。前两轮的激烈竞标之后，历经一个多小时的激烈角逐，第三轮的竞标也成功敲定，万万没想到的是，第三轮的竞标价格，竟然超过前两轮的竞标总和。第三轮竞标央视节目《挑战不可能》的独家冠名权，《挑战不可能》制片人微博宣布：长安福特以 3 亿的高价拿下央视励志综艺节目《挑战不可能》的独家冠名，比标底价提升 172.7%，比第一季翻了一倍多！

激烈的市场竞争呼唤广告界推出更有效的传播方式，20 世纪末，整合营销传播开始受到关注，整合营销传播（IMC）这一观点是在 20 世纪 80 年代中期由美国营销大师唐·舒尔茨提出和发展的。整合营销传播是一个营销传播计划概念，要求充分认识用来制订综合计划时所使用的各种带来附加值的传播手段，如将普通广告直接反映广告与公共关系营销结合，提供具有良好清晰度、连贯性的信息，使传播影响力最大化②。

影视广告进一步成为整合营销的主要传播方式。商家将影视广告、平面广告、户外广告、网络广告、促销、新闻、公关等资源整合，让消费者从不同的

①　孙安民.营销文化 [M].北京：北京出版社，2007.
②　杨海军.新媒体广告教程 [M].上海：复旦大学出版社，2021.

信息渠道获得对品牌的统一信息，以强调品牌诉求的一致性和完整性。这一时期，在全面建设市场经济的过程中，影视广告的表现更是异彩纷呈，存在着几个大的方向，其表现方法有以下几种：

第一，"情感牌"，如亲情路线、爱情路线。

第二，"平民牌"，缩短品牌与消费者距离，发掘让消费者内心感动的元素。如"牙好，胃口就好"的蓝天六必治广告、舒肤佳香皂广告。

第三，"明星牌"，借助流行文化，采用明星代言。如途牛 App 借助周杰伦在广告中进行演绎、百事可乐采用国际影星代言、蓝天六必治用明星代言，以争取消费者对商品的关注。

第四，"差异牌"，随着市场经济的进步，许多品质相似的商品在同一个市场中出现，这导致消费者在选择商品时的时间逐渐减少。差异化的营销策略体现在强调产品的独特性和其他消费者关注的品牌所不具备的品质上。如大连城市宣传广告。

第五，"文化牌"，广告是有地域性的，体现着当地的文化和风土人情，只有符合该地区文化的广告作品，才会更加受到消费者的认可和喜爱。

总之，我国的电视广告从无到有，从幼稚到成熟，经历了 50 多年的发展，今天，随着我国的科技迅猛发展，影视事业得到蓬勃发展。我国目前有电视台400 多家，除中央电视台外，各省市电视台也在逐步开办专业频道，这使得频道越来越细分化，企业可以根据自己产品的特点选择专业频道传播，更有利于传播的针对性。影视广告以其声画结合的优势在各类广告中居于首位，大多数企业都会选择影视广告作为品牌宣传的手段。

同时，我们也应该看到，我国的影视广告发展还存在着一些问题，这些问题会制约我国影视广告的发展。另外一方面我们也欣喜地看到，国内多家高等院校开设影视、广告、传媒类专业，为广告行业输入专业人才，与此同时，广告公司正逐步走向国际化，制作水平越来越高，这些都推动着我国影视广告不断地创新发展。

第三节　影视广告人的综合素养

人是决定一个行业优秀的根本因素，决定一个行业是否具有发展前景，人才是重中之重。

现代社会，广告行业已经成为非常富有挑战性的行业，商品经济的繁荣和社会需求的增强都给影视广告业的竞争带来了很大的推动。行业的竞争无疑就是从业人员的竞争，放在影视广告业内说，就是影视广告制作人才的竞争，因此，对广告制作人的素质要求越来越高。

广告人是指一切从事替广告主购买广告版面和时间、替媒体所有者销售广告版面和时间，以及在广告代理公司或其他地方做广告服务的各色人等。对影视广告人的素质要求是全面的，作为一个影视广告制作者，应当以高标准要求自身；现代广告从业人员必须具备较高的社会责任感及道德修养，力求达到既是专门人才，又是综合人才。广告进入全球化竞争时代之后，行业按全球竞争力标准重新洗牌，此时行业对广告人素质的要求是着眼于国际竞争的大舞台与跨文化传播的范畴来衡量与期待的，因此，广告人也应当顺应潮流，不断提升自身的综合素养。

一、影视广告人的基本修养

影视广告人应具备三种基本修养：一是知识修养，二是思维能力修养，三是道德修养。

随着时代的进步，广告已经成为艺术、娱乐、休闲的艺术形式。作为影视广告人，仅仅有商业知识和专业技术，已经远远不能够满足现代影视广告发展的需要，影视广告人必须具备广告专业知识及其他相关学科的综合知识。因此，见多识广是影视广告人的基本素质。

广告业是智慧的行业，影视广告是讲究创意的产业与艺术，创造能力是人的智慧与能力的集中反映。影视广告创作的精髓就是创意。创新是影视广告人必须具备的修养。所以，创造力几乎成了衡量一个广告人及其作品是否优秀的最重要标准。

影视广告人还需要有良好的职业道德修养。遵纪守法、勇于承担、谦虚、谨慎、正直、诚实、公正是广告人应当具有的基本道德修养。热情、坚持、敬业同样是影视广告人必不可缺的素质。

现代的影视广告行业是由多种专业人士、多种技术、多个部门合作完成的工作，因此必须建立计划统一、意念一致的队伍，以体现出相互依存、相互协助的专业团队精神。

二、影视广告人的文化知识

（一）文化视野上的国际化

在全球化背景下，广告已成为企业对外宣传和树立形象最重要手段之一，而国际广告则是其主要途径。随着越来越多的中国品牌进入国际市场并与其他国际品牌竞争中国市场，广告业务也即将步入国际化的运营阶段。广告的这种变化使得传统的、以语言为主的沟通方式受到极大冲击。国际广告是一种跨越国界和文化的传播方式，它所面对的不仅仅是语言的转换问题，更是文化体系的转变问题，因此国际市场对广告从业者的挑战首先是一种文化的挑战。文化全球化趋势下的国际市场要求广告人具有国际化思维和国际化能力，这就需要广告人才具备良好的英语应用能力。广告从业者在面对国际市场时，必须在文化方面实现国际化，与全球文化保持同步，并根据国际化的广告观念为自己进行重新定位。广告行业的从业者能够从一个客观和主观的角度审视多元文化，并在不同的文化背景中自由地脱颖而出。这就是广告文化中的国际意识。除了在文化心态上展现出的广泛的包容性和在文化视角上的国际化之外，还涉及对多种文化的深入理解和掌握。广告人要适应现代社会生活的需要，就必须具备良好的文化意识。更明确地讲，广告从业者需要跨越文化的障碍，突破文化中的"自我参照系统"①。只有这样，才能真正适应现代社会发展的需要，成为具有国际眼光和全球意识的优秀广告人。广告从业者应该对全球的文化有深入的了解，这样才能更好地适应自己的文化环境，并根据市场所在地的文化背景来确定广告的内容、展现方式和传播路径。

（二）知识结构的开放性

广告公司必须积极拓展更多的业务领域去拓展自己的业务范围，而这一切又有赖于广告业的发展和壮大。他们期望广告行业的专业服务不仅仅局限于广告的设计、展示和传播等狭隘的广告方面，而是希望能够解决国际市场调查、营销公关、全球范围的信息收集与分析等领域，广告公司的职能在一定程度上取代了一些品牌顾问公司、营销公司、咨询公司的职能。这就使得广告公司的业务从单纯的提供产品到现在的以服务为主，并延伸至全方位的营销活动。广告行业是一个更新换代频繁和知识高度集中的领域，更新换代频繁体现在现在的国际广告传播观念已经超越了一般人的思维模式，广告行业知识高度集中体现在它涵盖了更多相关的专业领域知识，这些专业知识和相关学科知识共同构成了广告人的知识体系。在此背景之下，广告学教育不仅要注重传统知识的传授，更要加强其跨学科性和综合性的培养。

（三）跨文化传播技能的掌握

在当今信息高速发展的时代，广告作为一种特殊的社会现象已经成为人们生活不可或缺的一部分。在新世纪的知识经济背景下，广告行业被视为一种服务导向的高科技产业，它融合了新媒体、先进设备、创新材料和先进技术。在这个时代里，文化成为决定广告成功与否的关键要素，而广告也就成为文化传递最有效的载体。为了使广告真正有效并带给人们审美的愉悦，创意设计的水准是不可或缺的，但要实现高技术含量的广告效果，就需要拥有并运用专业技术的广告从业者。因此，培养出具备一定专业技能并具有较强跨文化交际能力的高素质人才就成为当务之急。这一跨文化传播能力主要由两个方面组成：一

---

① 周健临. 现代企业国际化经营 [M]. 上海：上海财经大学出版社，1997.

是运用现代传播科技的能力,二是具备跨文化交流的技巧。这也正是广告专业学生应具备的素质。在广告行业的演变历程中,作为一个高度依赖技术的领域,现代广告得到了现代科技的坚实支撑。随着现代传播技术的进步,广告制作的质量和广告的传播方式都得到了持续的提升和变革。数字技术和网络技术在广告业中的广泛应用,使得传统广告形式与手段发生深刻变化。数字媒体时代的来临,为广告提供了一个前所未有的表现平台。对计算机技术的追求已经成为广告行业技术进步的中心。随着计算机软硬件技术水平的提升和应用范围的扩大,广告设计也从单一的平面设计拓展到全方位的视觉传达设计。新兴的广告素材,例如创新的纸质户外灯箱和户外发光材料,正在以前所未有的速度被广泛应用。随着互联网的普及,广告业进入一个新时代——数字化时代。为了制作出高质量的作品,先进的设备和技术必须由具有高素质的专业人士来操作。如果将现代传播技术视为跨文化传播的关键技术元素,那么跨文化沟通能力则被视为跨文化传播的核心行为要素,它特指在跨文化互动中展现出的高效和恰当的行为能力。广告就是通过媒介传递产品或服务信息给目标受众的过程。为了与客户就某个创意达成一致意见,需要进行深入的交流和沟通;让顾客接受产品或服务,则更需要充分地沟通。为了塑造一个品牌并在消费者心目中确立其地位,必须进行深入的沟通。在国际商务沟通中,沟通的目的就是让不同文化背景下的人们能够理解彼此所传达出的信息,并将其相互融合,从而达到预期目标。值得强调的是,在实际操作中,跨文化沟通的核心实际上是语言交流。语言是跨文化沟通的主要障碍和成功的关键元素,所以语言能力的重要性不容忽视。英语因其广泛的传播和应用,已逐渐转变为国际商务交流的主要语言。

三、影视广告人的专业素质

影视广告制作人首先应该具有很强的社会活动能力,影视广告人从事的工作主要是为社会传递信息,因此与人打交道、与人沟通是必不可少的基本能力之一。

面对繁复的商品信息和受众诉求,影视广告人要具有敏锐地发现信息和及时处理信息的能力，所以经常主动自觉地获取外界信息，培养对外界信息敏感能力是广告人的一种基本功。

影视广告人员必须具备表达能力，包括文字表达和口头表达。此外，广告人还需要有较强的文字表达能力，来完成文案、调查报告等案头工作。

影视广告不同于其他广告。影视广告本身具有生动丰富的表现形式，它借助了影视的各种表达手段。因此，影视广告制作人应当具有较高的审美标准和审美能力，具有极强的感受美的能力。

影视广告人还必须要具备的基本素质是对现代先进设备的使用能力，随着现代广告业对高科技设备的使用越来越依赖，作为一个从业者，必须娴熟地掌握、灵活地应用各种影视设备，在短时间内创作出高水准的作品。

未来，我国的广告市场必将越来越多地面向全球，也将会有越来越多的机会摆在国内广告人的面前，在这样的前提下，我国的影视广告人，应当将自己的广告创作理念变得国际化，能够符合国际的审美标准，制作出适合全球消费者的影视广告作品。

四、影视广告人的职业道德

广告行业确实需要良好的口碑。广告中的道德因素是通过一系列具体行为表现出来的，其中最重要的就是职业道德方面的内容。作为一个致力于塑造产品（品牌）或企业形象的行业，广告人的个人形象和整个广告行业的形象自然会成为社会大众关注的焦点，人们对广告的评价会直接影响到对广告人的评价。在今天的社会中，人们不仅关心广告能创造出多少利润，更关心它是否真正做到了"让消费者满意"的根本目标。当人们的关注点从广告行业转移到广告从业者时，从某个角度看，这种评价主要集中在广告从业者的职业道德品质上。

在现代市场经济条件下，广告从业人员所从事的工作，不仅涉及经济领域，还关系到政治、文化、教育乃至人们生活的方方面面，因此有必要制定一套相应的行为准则与道德规范来制约其言行。这是指在广告行业中，对其下属机构和员工的广告活动进行严格的约束、管理和控制，确保广告人员的行为更加符合国家法律、社会伦理和职业伦理的标准和规定。在我国市场经济日益活跃的今天，广告从业人员必须具备一定的职业道德水平。在国际广告行业的发展过程中，研究并制定广告从业者的行为标准和道德准则始终是一个备受关注的焦点和关键议题。在过去的数十年中，全球各国以及国际广告机构都为广告行业的职业道德的系统化、正规化和制度化付出了极大的努力。随着经济全球化趋势日益增强，市场竞争日益加剧，面对如此严峻而又复杂的形势，如何提高我国广告公司从业人员的职业道德素质已成为当务之急。依据各国广告从业者的自律规定和道德标准，一个合格的广告从业者应当遵循的职业道德至少应涵盖以下几点："实事求是，真实不欺"，是对广告从业者最基本的职业伦理要求，无论在何种情境下，无论是对待人还是事，广告从业者的这一标准都不应偏离；"公平竞争"，是广告从业者在处理与行业同仁的关系时应遵循的道德标准；"诚信守诺"，是对广告从业人员最起码的职业道德要求，也是广告从业者必须具备的基本素质之一。"守法"的原则要求广告从业者的所有行为都必须受到法律的约束，特别是在跨文化的广告活动中，"广告从业者更多的是在真实的法治社会中工作，因此，他们更应该加强对法律的认知和理解。另外，还应该加强广告人自身修养"①。

在广告行业中，真正的竞争是对人才的争夺，而广告公司的主要竞争优势在于其广告从业者。广告行业作为一个知识密集、技术密集的特殊产业，其对人才，特别是高层次专业人才的需求十分旺盛。高质量的广告专业人士不仅是中国广告行业持续发展的核心要素，也是中国广告行业在全球市场中全面竞争并取得胜利的决定性因素。

① 肖建文，陈淑阶.广播电视业务研究与实践上[M].海口：南海出版公司，2006.

第二章　影视广告策划

本章介绍了影视广告策划，主要从四个方面进行了阐述，分别是影视广告策划概述、影视广告策划的分析、影视广告的表现策划与媒体策划、影视广告的策划书。

第一节　影视广告策划概述

一、广告策划

（一）广告策划的定义

广告策划是对于提出广告决策、实施广告决策、检验广告决策全过程做预先的考虑与设想，是对广告的整体战略与策略的运筹规划。广告策划不是具体的广告业务，而是广告决策的形成过程。

早在 20 世纪初，罗德·托马斯广告公司总裁克劳德·霍普金斯就创作了著名的"新奇士"品牌广告，从中已经可以看出现代广告和品牌策划高超娴熟的技巧。20 世纪 20 年代，美国统计学家乔治·盖洛普又把一种市场调查的方法引入到广告策划之中，其后这一方法得到了普遍的运用，从而使得现代广告策划在操作中更加趋于科学化和规范化。广告策划作为一个明确的概念被提出，始于 20 世纪 50 年代。这一概念最初是被运用在公共关系方面，其后伦敦 BMB 广告公司的创始人斯坦利·波利特于 20 世纪 60 年代在广告领域中率先使用这一概念，很快便普及开来。今天，在广告领域，"策划"已经成为一个受到最为广泛运用的专业术语，可以说整个广告活动的绝大部分工作都是围绕着"策划"进行的。

（二）广告策划的地位与作用

广告运动就是企业将要或者正要实施的广告传播活动。广告策划概念的提出，就是在于将广告视作一个系统工程。广告运动不仅仅是一次内容的创意设计，也不仅仅是一次媒介发布的组合，而是一个从市场调查研究开始，集合广告目标市场策略、产品及广告定位策略、广告诉求策略、广告创意表现策略、广告的媒体策略以及广告的效果评估等，整合一体的完整、系统、科学的信息传播活动。广告策划在广告运动中的地位与作用表现在以下几点：

1. 广告运动的灵魂与核心

广告策划是广告运动的灵魂与核心，也是企业在市场竞争中取得领先地位的保证措施之一。在现代生产条件和市场竞争条件下，企业如何推出新产品，开拓市场，赢得顾客青睐，已成为广告策划的重要课题，并对企业的生存和发展发挥着极为关键的作用。广告策划在广告运动中的意义有以下几个方面：

第一，战略指导，为广告活动提供总体指导思想。

第二，实施规划，为广告活动提供具体行动计划。

第三，进程制约，安排并制定广告活动的进程。

第四，效果控制，预测并监督广告活动的效果。

第五，规范动作，保证广告各个环节的科学、合理。

2. 贯穿广告运动的全程

广告策划既是一项特定的工作，也是对广告策划的分析与处理，对未来广告策略的设计，同时，它更是一种特定的思维方式：从消费者需求出发，整合与营销传播信息相关的各种资源，创造性地发现和塑造产品与服务的个性内涵。因此，我们认为广告策划是一种"大策划"，即贯穿于广告运动全过程的创造性思维过程。

3. 使广告运动更加科学规范

广告策划活动遵循其固有的规律，并按照科学的方法进行操作。这是基于广告主的经营策略和方向，在进行市场调研后，对广告的目标、受众和传播区域进行深入的研究和分析，从而科学地制定广告的战略、预算，并对广告的效果进行有效的控制和评估。广告策划具有很强的系统性，需要综合考虑诸多因素。

4. 增强广告在市场运作中的作用

广告策划的科学性和规范性不仅提高了广告传播的效率，还使得广告活动能够深入到广告主的市场营销活动的核心。这不仅仅是对企业自身的关注，更是对消费者的关心。广告不再仅仅是一个传播工具，而是整合了市场营销中的各种沟通要素，加强了企业与消费者之间的沟通，从而提升了市场营销的效果。

（三）广告策划的主要内容

一般而言，我们所说的广告策划，是对整个广告活动进行全面的策划，而且是一个动态的过程，要完成一系列的策略设定，主要包括市场分析、广告目标、广告定位、广告创意表现、广告媒介、广告预算、广告实施以及广告效果评估与监控等，这些内容相互联系、相互影响又相互制约。

1. 市场分析

广告策划是一门综合学科，涉及经济学、社会学等多种学科知识，需要运用系统思维来组织策划。市场分析不仅是广告策划和创意活动的根本，也是不可或缺的初始步骤。市场分析包括市场调研、细分市场、预测市场需求以及选择目标市场等内容。广告市场的分析确定了广告主和其竞争对手在市场中的位置，这将为后续的策划工作提供重要的依据。广告市场分析主要包括市场定位分析和市场预测分析。市场分析主要涵盖了对营销环境、企业运营状况、产品特性、市场竞争力以及消费者行为的全面评估。因此，市场分析工作对于广告设计来说具有十分重要的意义。

2. 广告目标

广告的目标定义为广告活动所追求的目标，并且这些目标应当是可量化的。广告策略就是根据这些目标来制定的。如果不这样做，那么设定目标就变得毫无意义。广告效果的评价标准就是要看广告是否对目标受众产生了预期的影响作用。首先，广告活动结束后，企业或其产品的知名度和好评度增加的百分比；其次，市场份额的增长百分率以及销售或销售额的增长百分率；最后，是关于消费者对于企业或产品的态度和评价发生的变化情况。在制定具体策略时不能只考虑营销活动本身，还要考虑广告目标的实现情况。在确定广告的目标时，需要一个清晰的评估标准。

3. 广告定位

在 20 世纪 70 年代末，艾·里斯与特劳特共同提出了定位理论，这标志着广告和营销历史上的新篇章的开始。他们认为，广告定位就是找到一个合适的位置来满足消费者的需要，从而达到促销的目的。定位的核心思想是在消费者的心中寻找一个阶梯，这是站在消费者的立场上重新定位产品，是将产品的定位和消费者的身份结合在一起，而不是将它们分开。因此，广告定位必须以消费者为中心。广告定位是广告策划中一个非常重要的环节。广告的定位目标是在潜在消费者的思维中寻找对产品最有益的信息。

4. 广告创意表现

在广告策划中，创意的展现意味着将广告策划者的思维从抽象变为具体，这是广告策划的核心内容。广告创意主要有以下几个方面：首先，确立广告的核心主题，也就是要清晰地指出要传达的主要观点和核心思想。广告主题是一个广告作品是否成功的重要因素之一。广告的核心内容是由产品的具体信息和消费者的心理状态所决定的，其中产品信息为广告的基石和支撑，而消费者则是广告的关键角色和组成部分，他们的消费心态构成了广告的核心和生命力。其次，进行广告的创意设计，并将这些创意充分展示出来。广告主题决定了广告所需要的各种手段和要素。广告创意不仅是一个高度复杂的创造性思维过程，其核心目标是将广告的主题以生动和形象的方式呈现出来。

5. 广告媒介

媒介策划的选择与规划是基于预先设定的广告目标，在有限的预算限制下，通过多种媒体的筛选、整合和发布手段，确保广告信息能够有效地传递给目标观众的一系列策略和安排。媒介是指通过某种方式将广告创意转化为具体商品或劳务所使用的物质载体。从经济学角度讲，广告媒介是一种特殊的商品——广告产品。广告媒介作为一种特殊的商品或劳务，具有价格高、价值大、使用频率高等特点。因此，为了在有限的成本内获得较为理想的传播效果，如何有效地利用广告媒介成了一个核心议题。

6. 广告预算

广告的传播策略主要涵盖了如何选择媒体、如何确定广告的发布时间表和方式等关键方面，其中最重要的就是广告预算问题。广告预算揭示了广告实际上是一项需要付费的活动。它要求企业必须有充足的资金来支付广告费用。企业要想获得最大的收益就必须制定出科学的广告预算。如果广告活动没有得到科学合理的预算安排，那么将会导致广告费用的巨大浪费，可能远超过预算的半数。所以，合理制定广告预算对于企业来说就显得尤为重要。广告预算实际上是企业对于广告活动所需资金的详细规划，它明确了在特定的广告时间段内，进行广告活动所需的总经费、资金的使用范围以及具体的使用方式。

7. 广告实施

一个精心设计的广告策略，为广告的每一个执行阶段、每一个层级和每一个推广活动，都设定了明确的执行方法。广告预算的制定涉及许多问题，其中一个很重要的环节就是要确定好广告的投放时机。它的核心内容是：广告应该在何时、何地进行发布，发布的媒体是什么，发布的次数是多少，广告的形式和手段有哪些，广告的推广应该选择何种策略，怎样使广告信息传递得更有效，如何确保广告活动与公司的整体市场策略相协调等问题。这些问题直接关系到广告效果的好坏，也影响着企业的发展方向。在众多因素中，选择广告的时间和区域显得尤为关键。

8.广告效果评估与监控

在广告发布之后，为了判断广告是否能实现预期效果，必须对广告的实际效果进行深入的评价。广告效果评估包括了传播效果和广告效果两个方面，广告效果的评估是广告策划中非常重要的环节之一。在评估和监控广告效果时，不应只关注销售的效果，而应该更加重视传播效果，因为它是广告效果的核心要素。广告具有很强的感染力和影响力，它能够引起受众注意，引发人们的情感共鸣，并最终实现产品或服务的推销作用。

二、影视广告策划

随着经济发展，商品的丰富和人们的物质文化需求日益增长，广告在人们的生活中扮演了重要的角色，人们对广告的认识和理解也愈加深入。影视广告是一种以画面为主的艺术形式，其独特的魅力不仅在于它本身所具备的视觉冲击力，更重要的是能够引起受众强烈的感官体验。影视广告被认为是广告传播中非常高效且影响范围广泛的策略之一，并因其独特的艺术表现形式成为一种特殊的广告形式，并被越来越多的企业所采用。

广告运动是一个庞大而复杂的系统，在系统化的整体广告策划中，影视广告策划作为其中的一个重要环节，具有承上启下的重要作用。第一，可以保障影视广告创意的方向与整体广告策划的策略思路相一致。第二，可以保障影视广告创作的过程更加科学有序。第三，可以保障影视广告制作的流程更加规范顺畅。第四，可以保障影视广告的资金预算更加明细合理。第五，可以保障影视广告的效果检测与评估更加有章可循。

第二节　影视广告策划的分析

一、影视广告信息环境分析

影视广告策划是一个系统性工程，它是按照一定的科学程序进行策划的。因此，影视广告策划，首先要明确先做什么，后做什么，按照一定的步骤、章法去思考问题，在符合客观规律的前提下去执行。在影视广告活动过程中，每一次广告创意都会受到时间、地点以及其他条件的限制，因而形成了一定的广告运作规律与原则。考虑到广告策划工作的独特性，一个完整的广告策划周期在不同的阶段都有其特定的目标、内容和对象。

（一）市场营销环境定义

市场营销环境是指影响企业营销活动的所有外部因素，可以将其大致划分为微观环境与宏观环境这两个主要类别。微观环境是指那些直接决定企业营销实力的各方参与者。这些主体都对营销活动具有重要意义，也为企业提供了广阔的发展空间。宏观环境可以定义为一系列对营销环境产生重大影响的社会因素。微观环境也称直接营销环境，又称作业环境，直接影响与制约企业的营销活动，多半与企业有着或多或少的经济联系。宏观环境也被称作间接营销环境，一般以微观环境为媒介去影响和制约企业的营销活动，在特定场合，也可直接影响企业的营销活动。

所有的营销活动都有可能涉及微观环境和宏观环境。不同营销活动所面临的主要营销环境是不同的，有的可能主要是竞争对手，而有的可能主要是技术原因，等等。对同一个企业或同一行业而言，在不同的时期所面临的主要环境也有可能是不同的，或者说是会变化的。因此，企业要想生存发展就必须对其所处的营销环境进行分析研究。为了在激烈的市场竞争中保持领先地位，企业必须根据当前的环境状况和未来的发展方向，制定并持续优化其营销战略。影视广告的信息环境分析，是基于广告活动的大策略中广告信息的环境分析，更着重于广告产品分析、消费者分析、竞争对手分析。

（二）广告产品分析

产品本身背负着市场环境、市场竞争等要求，并且同时直接面对消费者的选择。因此，影视广告的策划人员首先需要通过产品分析，明确产品所处的市场环境，自身发展阶段，从而明确应该在市场上采取怎样的表现策略，使得产品的主客观特征与消费者的消费需求相契合。在整个广告策划活动中，最为基础的一项工作就是对所要做广告的产品或者服务情况进行全面分析和彻底了解。

而广告产品分析主要包括产品特征分析、产品生命周期分析和产品品牌形象分析三个方面的内容。

1. 产品特征分析

任何产品都有自身的独特性，无论是自身的特点还是由特殊的成分构成，都能给消费者带来某种与众不同的利益。产品特征分析作为产品分析的第一要素，就是要在对产品进行整体分析的基础上，寻找出产品与众不同的特点，使之与竞争产品相区别，最终找出产品的独特性所在。产品特征分析主要包括：产品的构成；在广告主的目标市场中，价格和质量之间的关系；产品的使用方法和接受程度；产品在竞争市场中的位置；产品的优势和劣势；消费者对于产品的包装和设计满意程度等。

产品特征具体包括以下几个方面：

（1）产品物质形态特征

产品物质形态特征的分析就是通过与竞争产品的比较，寻找出产品整体概念中有形产品层面的突出特征。所要进行比较的内容包括产品的质量、品质、性能、材料、质感、特色、款式、色彩、造型、品牌、价格、工艺水平、设计水平、科技水平、包装、陈列等。比如苹果公司的 iPad 电子产品所呈现出来的产品物质形态特征，和伊卡璐洗发水所呈现的产品物质形态特征就会有完全不同的内容。

（2）产品利益特征

产品利益特征的分析是对产品的初步的表层认识所要进行的分析，它是通过与竞争产品的比较，寻找出产品整体概念中无形产品层面的突出特征，这种利益特征包括产品对消费者需求提供的与众不同的满足以及附加价值。比如同样是空调，消费者可能更愿意购买大品牌，因为他们更相信大企业生产的产品质量更有保障，即使出现问题，售后服务也更加完善。这就是产品的利益特征。

（3）产品个性特征

产品个性是指消费者对产品满足其个性需要的心理期待，而产品个性特征的分析就是要在产品物质形态特征分析和产品利益特征分析的基础上，进一步寻找出产品与众不同的个性。发掘出产品的独特个性，将产品激活，使它鲜活起来。如奔驰给人的感觉就是稳重有安全感，这就是产品个性的一种体现。总之，对于产品的认识是广告策划首要解决的问题，策划者需要综合分析产品各方面的特征，找到产品最突出的特点以满足消费者的需求，由此确定广告策划的主题和广告的诉求点，从而形成统一有效的广告活动。

20世纪50年代初，美国人罗瑟·瑞夫斯（Rosser Reeves）提出USP理论，要求向消费者说一个"独特的销售主张"[①]（Unique Selling Proposition），简称USP理论，成为产品个性分析的最有力理论支撑。独特消费主张强调产品具体的特殊功效和利益，即每一个广告都必须对消费者有一个销售的主张；而这种特殊性是竞争对手无法提出的，须是具有独特性的；这一项主张必须很强，足以影响成百万的社会公众并形成强劲的销售力。

2. 产品生命周期分析

产品生命周期（Product Life Cycle），简称PLC，其概念是1966年美国哈佛大学教授雷蒙德·弗农（Raymond Vernon）在其《产品周期中的国际投资与国际贸易》一文中首次提出的。产品生命周期是指产品的市场寿命，即一种新产品从开始进入市场到被市场淘汰的整个过程[②]。一个完整的产品生命周期通常要经历以下四个阶段：

（1）产品导入期

导入期是新产品进入市场的最初阶段，新产品在经过开发过程后开始投入市场销售，这时是新产品能否在市场上站稳脚跟的关键时期。如果该产品在投入期即被消费者拒绝，那么，企业为此作出的努力将前功尽弃。产品只有度过艰难的投入期才能茁壮成长。

产品导入阶段的显著特性包括：

①生产的成本相对较高。当新产品刚开始进入生产阶段时，其技术还不够

---

① 张敬坤. 零售银行利润倍增金律 [M]. 北京：企业管理出版社，2010.

② Raymond Vernon.International Investment and International Trade in the Product Cycle[J].The Quarterly Journal of Economics，1966，80（2）：190–207.

稳定和熟练，导致制造成本的增加。若采用一般的推销方式和方法，很难收到好的效果。

②促销成本相当高昂。由于对新产品的特性和功能尚未得到充分了解，故促销效果往往不显著。为了迅速扩大市场份额并提升品牌知名度，需要进行大量的广告推广和其他各种促销活动，这些活动的推广成本相当高昂。

③销售额相对较低。由于广告和宣传力度不够，新产品开发工作进展缓慢，生产规模小，不能形成批量生产能力。由于新推出的产品尚未获得消费者的广泛信任和接纳，因此购买者数量相对较少。由于新产品开发时间长，资金投入量大，技术更新快等原因，新产品往往难以很快占领市场。

④竞争并不激烈。由于新产品刚刚进入市场，销售不畅，企业没有盈利甚至亏损，生产者数量较少。因此，必须重视产品的宣传与推广工作。

在产品的导入阶段，可以考虑的策略包括：

①积极地进行有效的广告推广，利用各种特别的促销手段广泛地传播商品的信息，帮助消费者更好地了解商品。

②在产品制造过程中，对老品牌要加大宣传力度，在新产品推出时进行重点推介。基于市场的反馈意见，致力于产品的优化和质量的提升。

③可以采用多种产品和价格的组合策略：

首先，采用高价高促销策略，即企业通过高价和大规模的促销活动将新产品推向市场，从而加强市场的渗透和扩张。企业要在众多竞争者中脱颖而出，必须有较强的广告攻势。

其次，采用高价但低促销的策略意味着企业可以以较高的价格和较低的促销成本将新产品推向市场，从而获得更多的利润。实施此策略所需的前提条件包括：市场的容量是相对受限的，而消费者群体则是相对稳定的；企业拥有一定的品牌知名度，有足够的市场份额及销售渠道。

再次，企业采用低价但高促销的策略，即通过低价和大规模的促销活动来推动新产品进入市场。实施这种策略所需的市场环境包括：市场的规模非常庞大，消费者对产品的了解不足，并且对价格非常敏感。

最后，采用低价和低成本的促销策略意味着企业可以用高市场占有率策略，即企业在同类产品中占据较高的市场份额。实施此策略所需的前提条件包括：市场的规模要大；购买者对所购买的产品相当了解，并且对价格非常敏感；可能存在大量的竞争对手。

（2）产品成长期

在成长阶段，产品已经在市场上获得了广泛的销售，销售数量也在持续稳定增长。成长阶段的显著特征包括：购买者对商品的了解已经相当深入，市场的需求持续增长，销售数量也在飞速上升。由于市场饱和或需求增长缓慢而出现的滞销现象，使产品供不应求，价格可能上涨；随着生产和销售成本的显著降低，大规模的生产和销售进一步降低了每单位产品的成本。由于消费者对价格不敏感，因而销售价格也相对稳定。

在企业的成长阶段，其核心目标是进一步拓展产品市场并增加市场份额。为此，可以考虑的策略包括：进一步优化产品的品质，增添更多的颜色、种类、设计和规格，并对包装进行改良。同时注意开发新产品，以适应市场需求和变化。广告推广策略已经从简单地介绍产品和提升品牌知名度转变为强调品牌特色，塑造品牌形象，并努力打造知名品牌。还要加强与消费者之间的沟通和联系，使顾客能及时了解产品信息并购买。探索新的销售途径，并进一步扩展商业服务网点。并通过与分销商合作以加强对顾客的服务。在大规模生产的前提下，适时地降低价格或采纳其他高效的价格策略，以吸引更多的消费者。

（3）产品成熟期

产品在市场上的普及和销售量达到顶峰的时期被称为成熟期。它不同于成长期和衰退期。在产品达到成熟期时，其主要特性包括：大部分消费者已经了解并购买了这些产品，但销售量的增长速度相对较慢，保持在一个相对稳定的水平，并逐步呈现下滑的态势。此时，产品开始进入衰退期，其销售周期将延长，价格也会随之下跌，甚至低于成本水平，使企业蒙受巨大经济损失。企业的利润正在逐渐减少。由于产品的销售周期较长，因而其利润会有一定幅度的下降，甚至导致破产或倒闭。企业必须以质量求生存，求发展，求得自身优势地位，从而保持并扩大市场占有率，获取更多的经济效益。

在产品的成熟阶段，企业采纳了以下策略：从广泛和深入的角度来扩大市场份额，吸引新的客户，并激励现有客户加大购买意愿；扩大销售区域，建立网络组织，加强对消费者的研究工作，及时了解市场变化，制定正确决策；致力于提升产品的品质，开展产品的多功能研发，打造新的产品亮点，并增强产品的实用价值；为了优化营销组合策略，可以考虑调整价格、扩大销售网点、实施多样化的促销活动以及提高服务质量等措施。

（4）产品衰退期

产品的衰退期标志着其销售量的持续减少，并可能即将从市场中撤出。产品在此时期内的经营管理与一般企业相比有许多不同之处。在产品的衰退期，主要的特征是：消费者对产品的兴趣已经减退，市场上开始出现了改进型的产品，这导致了市场需求的减少；由于新产品开发周期长，产品生命周期缩短，企业面临着很大的资金压力；有一部分企业由于种种原因，不能及时调整经营策略，使企业处于困境中。

可供选择的战略包括：淘汰策略指企业可以停止生产处于衰退期的产品，转而生产新产品或转向其他类型的产品。这类策略能使企业在短期内收回投资成本，并获得较好的经济效益。持续营销策略指的是企业持续地生产处于衰退阶段的产品，并抓住其他竞争对手退出市场的机会，通过提升服务水平和降低产品价格等手段来保持其销售业绩。

3. 产品品牌形象分析

美国市场营销协会（AMA）对于品牌的定义是：品牌是指名称、专有名词、标记、标志、设计或者将上述综合，用于识别一个销售商的产品或者服务，并使之同其他竞争的产品或者服务区分开来[①]。简单来说，品牌就是一种标识，首先，标识产品或者服务与生产者或服务提供者的从属关系，其次，标识与其他竞争者的区别。"品牌形象"概念早在 20 世纪 50 年代就已提出，但是到目前为

---

① 田卉，齐立稳. 广告策划 [M]. 北京：中国广播电视出版社，2011.

止还没有建立起一个关于"品牌形象"的稳定的权威概念。

美国著名营销理论专家菲利普·科特勒认为，品牌形象即消费者对某一品牌的信念。品牌不仅仅用以区别商品，它还是一种象征，远超出文字本身的意义[①]。

美国著名品牌管理理论家凯文·凯勒认为品牌形象就是消费者对品牌认知的综合结果。品牌形象的建立是由品牌识别、品牌定位和品牌个性三个方面组成的[②]。

（1）品牌识别

品牌识别涉及如何在产品、企业、人员和符号等营销传播活动中明确品牌的核心价值，从而构建出能够区分不同竞争者的品牌联想。品牌识别是建立在一系列概念之上的系统化过程。

（2）品牌定位

品牌定位是指为某一特定品牌确立一个合适的市场定位，以便让商品在消费者心目中占据一个有利的地位，当有特定需求出现时，人们通常会首先考虑到这个品牌。因此，品牌定位就是要根据消费者对某一产品或服务所作出的选择，来决定自己的品牌地位和形象。品牌定位不仅是品牌识别过程中的一个环节，也是一种独特的观点，这种观点需要与其他品牌有所区别，并用来展示其在竞争中的优势。品牌定位是通过广告和宣传来进行的。

（3）品牌个性

品牌个性描述的是消费者感知到的品牌所展现的独特属性，它揭示了消费者对特定品牌的印象。与产品的特性相对照，品牌个性还具有象征和自我表达的能力。在现代社会，消费者越来越重视品牌个性，而品牌个性是品牌传播最重要的资源。品牌个性建立在品牌的定位之上，它不仅反映了品牌的定位，还进一步深化了品牌的定位。在众多品牌中选择一个有代表性的品牌进行传播，使其成为消费者心目中最具个性化特色的品牌，从而达到塑造强势品牌形象的目的。

---

① 田卉，齐立稳．广告策划 [M]．北京：中国广播电视出版社，2011.
② 同①。

典型的品牌形象广告的代表例子如红牛，红牛最初以"累了困了喝红牛"为其产品定位，通过大量的电视广告和平面广告反复演绎其功能性诉求特征，在其功能性诉求逐渐走向疲软之时，推出以"我的能量、我的梦想"和"谁能阻挡你"为主的情感诉求，将产品个性延伸到品牌的内涵，通过品牌的联想和个性魅力增加其品牌附加值。由此，红牛在众多饮料广告中脱颖而出，树立起独特、易识别，并且持久有力的品牌形象。

品牌形象具有有形内容和无形内容之分。品牌形象中的无形元素主要是指品牌所具有的独特吸引力，这是营销者为产品所创造并被消费者所感知的额外价值。消费者对品牌的认识过程就是一个认知与联想的过程，消费者通过自身的经验去感受品牌，然后根据自己的知识和记忆将其表达出来，最后形成品牌印象。在这个地方，品牌形象的无形元素主要是人们情感的反映，同时也揭示了人们在身份、社会地位和心理方面的个性化需求。

二、影视广告消费者分析

在影视广告策略的分析制定过程中，消费者分析无疑是最具重要意义的一个环节。消费者是影视广告直接面对的对象，是影视广告集中智慧希望对其产生影响的对象。所以，在制定影视广告策略的前期步骤里，只有了解其目标对象是谁，目标对象有什么样的消费特征与消费习惯，准确预测消费者的需求并及时应对消费者的反应，才能使影视广告实现有效的信息沟通，产生期望的广告效果，并使产品为消费者所接受，企业才能在市场营销中取得成功。

（一）明确消费者的角色

在消费者的消费过程中，消费者扮演什么角色，是我们进行消费者分析首先要弄清楚的，影视广告的策划需要有针对性地对不同角色的消费者展开广告策划。消费者角色可以分为五种，即消费的倡导者、决策者、影响者、购买者和使用者。

1. 倡导者

那些主张消费的人认为自己有消费的需求或意向，或者觉得他人有消费的必要性，或者相信他人在消费后能够产生预期的消费效果。他们鼓励他人进行这种消费行为，这样的人被视为消费倡导者。

2. 决策者

消费决策者即有权单独决策或与其他成员共同作出决策的人。

3. 影响者

消费影响者是指那些以多种方式影响消费行为的人群，包括但不限于家庭成员、购物场所的售货员、广告中的模特，甚至陌生人等。

4. 购买者

购买者即作出最终购买决定的人。

5. 使用者

使用者即最终使用、消费该商品并得到商品使用价值的人，有时也称为"最终消费者""终端消费者""消费体验者"。

消费者表现的不同角色，在消费过程中，可能是统一的，也可能是分离的。由于购买产品的不同，决策者会有所不同。一般来说，决策者是所购产品的直接消费者或家庭中某领域的权威角色。比如，在保险、汽车等服务或产品的购买中，丈夫一般是决策者；在洗衣机、家具、厨房用品等家庭用品的购买中，担任决策者角色的往往是妻子；在住宅、度假等产品的消费中，则是丈夫和妻子共同担任决策者。在企业的营销活动中，决策者这一角色具有十分重要的价值，因为他们直接导致了购买行为的产生。对于广告策划人员来说，广告的重点诉求对象就是决策者，广告表现策略和广告媒介策略均应围绕这类人群展开。比如在家庭消费用品的广告表现中，可以针对家庭成员的不同角色进行有效暗示——谁该负责某一项购买任务，然后将专家的形象赋予其上，最典型的案例就是宝洁的系列产品，如在宝洁的舒肤佳香皂电视广告中，通常选定母亲为购买者，以"爱心妈妈，呵护全家"的形象作为诉求，使一个家庭中的母亲顺理成章地扮演决策者的角色。又比如，消费者有可能因为对某个明星的崇拜而作出购买决策，这时候，明星就成为有分量的影响者，策划人员在制订广告表现策略时，可以通过使用形象代言人的方式来增强影响者的示范作用，进而引发消费者的从众行为。

比如在儿童消费品的购买中，发起购买建议的和最终的使用者通常是儿童本人，但影响者可能是儿童的亲朋或者父母，决策者和购买者可能是儿童本人及其母亲或父亲，整个消费过程中消费者由不同的人群扮演不同的消费角色。

（二）影响消费者的因素

消费者不可能无缘无故地作出购买决策，他们的消费行为一定是有动机的，也就是说，消费者是在某些因素的影响下而引发购买行为，我们把这些因素归纳为四种，分别是文化因素、社会因素、个人因素和心理因素。影视广告策划，特别是广告诉求主题的确定离不开对这些因素的分析和研究。

1. 文化因素

在我国传统文化背景下，文化具有多重含义，其中包含着许多重要而复杂的内容。通常情况下，文化可以分为广泛的定义和狭义的定义。从狭义上讲，文化主要包括物质文化和精神文化两个方面。从广泛的角度看，文化是人类在社会和历史进程中创造的物质和精神财富的综合体现，包括物质文化和制度文化两方面。狭义上的文化指的是由人类的精神活动所产生的成果。在研究消费者行为时，主要关注文化如何影响消费者的行为，从这个角度讲，企业文化就是企业经营管理理念及与之相适应的行为规范。

文化价值观的不同，会影响消费者的信息搜集方式。消费者的信息搜集方式一般有以下几种：商业来源（商家所做的广告或产品推介会等）、经验来源（个人以前使用过同类产品所获得的相关信息等）、个人来源（从家人、亲朋好友那里获取信息）、社会来源（从社会团体或组织、宗教群体、消费者协会等处获得信息）。

文化价值观的不同，消费者对所购买产品的使用方式也不尽相同。如在20世纪70年代，宝洁决定将帮宝适纸尿布推向德国市场和中国的香港市场。一段时间以后，两个地区的消费者都表达了自己对帮宝适尿布的不满，德国的消费者说这纸尿布太薄了，不耐用；香港的消费者说这纸尿布太厚了，不透气。为什么同样厚薄的纸尿布在两个地区销售却收到两种截然相反的评价？宝洁公司为此专门进行的一次调研揭开了谜底，原来是两个地区消费者对纸尿布的使用习惯不同，德国的年轻父母们每天定时给婴儿换尿布，早上出去上班的时候换一块，晚上回家才又换一块，如此使用当然会嫌尿布薄；而香港的消费者对婴儿的舒适度看得很重，一般小孩一哭，母亲就会去给他换一块尿布，这样频繁更换，当然会嫌尿布太厚。经此教训，以后销往德国的帮宝适尿布都会加厚一些，而销往香港的纸尿布则会略薄一些，以适应两个地区消费者产品的使用方式。影响消费者决策的文化因素主要包括消费者的年龄、性别、收入、地理、流行文化等方面，具体表现在：

（1）年龄

一个特定年龄段的文化群体是由年纪相近且有着相似生活背景的人所构成的。年龄不同的人由于受各自所处的文化背景和社会环境等因素影响而形成了自己独特的心理品质。具有相似心理年龄的人可以被分类到相同年龄段的亚文化群体中。由于受不同社会文化背景影响，不同年龄的人群有着截然不同的心理特征和行为模式，从而导致了购买方式也不尽相同。在某一特定的年龄范围内，人们在做购买选择时存在许多相似点，并展现出与其他年龄段的亚文化群体有所区别的特质。

（2）性别

在消费者的决策过程中，男性和女性之间的差异仍然相当显著。在选择某一特定品牌时，大部分男性成年人都持有这样的观点：拥有一个产品应该为他们带来一种独特的优势，这种观点是由传统的家庭观念决定的。然而，女性更倾向于选择那些能够加强个人与社会联系的商品。

（3）收入

在过去几年里，消费者行为理论已经成为一种新兴的分析范式，而消费经济心理则逐渐发展成为一门独立学科。在消费经济心理学中，一个核心的前提是："消费者对于商品或服务的需求是建立在他们既有购买意愿，又具备购买能力的基础之上的。"① 从宏观角度看，不同职业背景的消费者生活在不同的社会阶层中，而这些不同社会阶层的消费者在主观上对适合自己的产品和商品的看法也各不相同。

（4）地理

来自不同地区的消费者在消费喜好上的差异性不仅体现在对商品的购买倾向上，更重要的在于其消费行为模式上。在不同的国家，甚至是在一个国家的不同区域，人们的物质环境和社会环境存在不同程度的差异。

（5）流行文化

流行文化是一个内容丰富且构成复杂的总体概念，它按照特定的节奏和周期，在特定的地域或全球范围内，在各种不同的人群中广为传播。它反映了不同时代、不同民族、不同群体之间的各种差异。流行的文化观念塑造了消费者的购物和消费习惯。

流行文化作为一种特殊的社会现象，具有鲜明的时代特征和独特的审美价值取向，其核心特征就是消费文化。从生产和消费的目标来看，流行文化的生产目的是消费，或者更准确地说，是为了满足消费者的文化消费需求。因此，流行文化生产具有商品属性。当人们购买某一产品时，他们不仅仅是因为该产品具有物质性和实用性，还因为其广告中所强调的抽象和非实用性的精神元素能够激发消费者的兴趣和认同感。所以，流行文化的传播离不开商品本身及其背后所承载的各种符号意义，而这些符号意义又会随着时间的推移不断地发生变化。各种各样的广告都在传递不同的观点、价值观和精神方向，广告不仅仅是对产品的推销，更是对生活态度、生活方式、生活哲学和意识形态的表达。广告中所体现出的价值观和人生观往往成为消费者心理活动的风向标。

文化中的各种元素对人们的消费习惯产生了某种程度的影响。消费者的心理是其行为活动中最活跃、最有能动性的因素，也是消费者进行决策时考虑最多的问题之一。消费者在每个阶段都有自己的价值观念。在这一过程中，他们所形成的价值观念也是相互影响的。消费者由于他们的文化背景、社会价值观

---

① 李情民. 现代推销理论与实务 [M]. 合肥：合肥工业大学出版社，2009.

等的差异，他们在消费观念和行为上会展现出显著的不同。随着互联网的飞速发展，各种自媒体和流媒体的不断完善，流行文化因素也将进一步影响消费者的行为，消费者的行为在将来可能会对文化的发展产生更大的影响，在这种趋势下，新型文化将随着消费者的行为不断更新并对其产生影响。

总之，树立科学的消费观是极为重要的，我们在现实消费过程中，要正确把握传统文化和价值观对消费行为的影响。研究好文化因素对消费者行为的影响，对于制定合理的广告战略和开展市场营销工作具有重要的战略意义。

2. 社会因素

社会因素对消费者行为的影响表现在社会阶层和社会群体两个方面，消费者均处于一定的社会阶层。同一社会阶层的消费者在行为、态度和价值观等方面具有同质性，不同社会阶层的消费者在这些方面存在较大的差异。同时消费者行为也受到社会群体及其规范的影响。因此，研究社会阶层和社会群体对深入了解消费者行为具有十分重要的意义。

（1）社会阶层

社会阶层是由具有相同或相似社会地位的社会成员组成的相对持久的群体。社会阶层是依据经济、政治、教育、文化等多种社会因素所划分的社会集团。虽然对社会阶层的划分有不同的方法，但可以确定的是，社会阶层并非由单一的经济标准来决定，而是由多种因素，包括职业、经济收入、受教育程度和价值观等共同来决定的。当然，一个人所处的社会阶层并非一成不变，随着时间的推移，人们所处的社会阶层可能会发生变化，变化的程度因社会的层级森严程度不同而不同。中国社会科学院社会学研究所"当前中国社会结构演变研究"课题组发表的初期研究报告《当代中国社会阶层研究报告》划分出当前中国社会的十大阶层[1]。这十个社会阶层是：国家与社会管理者阶层（即党政领导干部）、经理人员阶层、私营企业主阶层、专业技术人员阶层、办事人员阶层、个体工商户阶层、商业服务业员工阶层、产业工人阶层、农业劳动者阶层和城乡无业失业半失业人员阶层。

---

[1] 陆学艺. 当代中国社会十大阶层分析 [J]. 学习与实践, 2002（3）: 55-63, 1.

对于营销和广告策划来说，社会阶层是一个非常重要的概念，因为同一阶层的消费者往往具有相近的经济利益、生活方式、价值观和兴趣爱好等。不同社会阶层的消费者，在产品的选择和购买、休闲活动、购买模式、信息搜寻方式和媒体接触习惯等方面有着明显的差异。首先，在产品的选择和购买上，不同阶层的消费者有着不同的行为。其次，随着生活水平的提高，人们越来越重视对闲暇时间的利用与享受。在休闲活动方面，不同社会阶层在家庭总支出中用于休闲活动的资金占比以及休闲活动的种类都存在显著的差异。

（2）社会群体

社会群体是指通过一定的社会关系结合起来进行共同活动而产生相互作用的集体。群体不是简单地把人聚在一起，群体既为人的社会化提供了场所和手段，又为个体的各种社会需要的满足提供了条件和保障。

社会成员构成一个群体，应具备以下基本特征：一是群体成员需以一定纽带联系起来，二是成员之间有共同目标和持续的相互交往，三是群体成员有共同的群体意识和规范。

社会群体分类一般有以下几种：

①正式群体与非正式群体。正式群体是指有明确的组织目标、正式的组织结构、成员有着具体的角色规定的群体。非正式群体是指人们在交往过程中，由于共同的兴趣、爱好和看法而自发形成的群体。

②主要群体与次要群体。主要群体或初级群体是指成员之间具有经常性面对面接触和交往，形成亲密人际关系的群体，主要包括家庭、邻里、儿童游戏群体等。次要群体或次级群体指的是人类有目的、有组织地按照一定社会契约建立起来的社会群体。

③隶属群体与参照群体。所谓的隶属群体或成员群体，指的是消费者真正参与或属于的集体。个体的观点和价值观构成了行为的基石。个体与参照群体之间存在着一种心理联系。参照群体是指个体在某一特定环境中作为行为导向的集体。当考虑群体对消费者的影响时，通常可以看到三种主要的影响方式：

第一，规范性影响指的是群体规范作用对消费者行为产生的影响。营销中广泛使用这一作用，如广告宣传时常说的该产品为大部分群体接受等。

第二，信息性影响是指参照群体成员的行为、观念、意见被个体作为有用的信息予以参考，由此对其行为产生影响。如身边有好多人用相同的产品，消费者就会想要购买。

第三，价值表现上的影响指个体自觉遵循或内化参照群体所具有的信念和价值观，从而在行为上与之保持一致。如某些消费者欣赏别人的气质，就通过模仿他的穿着、动作、外貌等方面。

3. 个人因素

个人因素主要包括消费者的年龄阶段、职业、经济状况、生活方式、个性及自我观念。

第一，处于不同年龄阶段的消费者对产品有不同的需求，比如食品、服装、娱乐、运动等产品的消费与消费者的年龄直接相关。

第二，从事不同职业的消费者具有差异化的消费行为。

第三，消费者的经济状况不同，则其购买欲望和购买能力会有很明显的区别。

第四，消费者的生活方式直接决定着消费需求与欲望。生活方式是指一个人在生活方面所表现出的兴趣、观念等，通常由一个人的工作和休闲方式、趣味与偏好、自我评价与对社会争议的见解等因素构成。比如，同样是"80后"，有的消费者选择做乐活族（追求健康、环保、可持续的生活），有的消费者选择做月光族（挣多少花多少），有的消费者选择做辣奢族（疯狂追求名牌时尚奢侈品），这些不同的生活方式导致了不同的消费需求。因此，广告不仅要生产满足消费者欲望的产品，还要专门针对不同的消费者做不同生活方式的广告。

4. 心理因素

在心理学中，心理学家对人类需求进行了深刻的剖析，其中，对广告策划和市场营销最有启发意义的就是美国心理学家马斯洛提出的需求层次理论。马斯洛认为，人类在不同阶段有不同的需求，这种需求可以划分为五种不同的层次，按其重要程度进行排列，依次是生理需求、安全需求、社交需求、尊重需求和自我实现需求。根据需求层次理论，人们总是首先满足低层次的需求，当低层次需求满足后才会上升到高一层次的需求[1]。

（1）生理需求

生理上的需要是人们最原始、最基本的需要，如空气、水、吃饭、穿衣、住宅、医疗等。如果得不到满足，人类的生存就成了问题。这就是说，它是最强烈的不可避免的最底层需要，也是推动人们行动的强大动力。

（2）安全需求

安全的需要包括劳动安全、职业安全、生活稳定、希望免于灾难、希望未来有保障等。安全需要比生理需要较高级，当生理需要得到满足以后就要保障这种需要。每一个在现实中生活的人，都会产生安全感的欲望、自由的欲望、防御实力的欲望。

（3）社交需求

社交的需要也叫归属与爱的需要，是指个人渴望得到家庭、团体、朋友、同事的关怀、爱护、理解，是对友情、信任、温暖、爱情的需要。社交的需要比生理和安全需要更细微、更难捉摸。它与个人性格、经历、生活区域、生活习惯等都有关系，这种需要是难以察觉，无法度量的。

（4）尊重需求

尊重的需要可分为自尊、他尊和权力欲三类，包括自我尊重、自我评价以及尊重别人。尊重的需要很少能够得到完全的满足，但基本上的满足就可产生推动力。消费者出于尊重需求购买的产品往往超越产品本身的使用价值，而更多地追求产品的象征意义，比如手表、汽车、饰品等产品。在对满足尊重需求的产品开展广告活动时，应注意挖掘产品的象征价值，从而满足该类产品消费者的心理需求。

（5）自我实现需求

自我实现的需要是最高等级的需要。满足这种需要就要求完成与自己能力

---

[1] 张景怡.从马斯洛需求层次理论视域探析国内选秀类综艺节目[J].西部学刊，2021（5）：115-117.

相称的工作，最充分地发挥自己的潜在能力，成为所期望的人物。这是一种创造的需要。有自我实现需要的人，似乎能够竭尽所能，使自己趋于完美。自我实现意味着充分地、活跃地、忘我地、集中精力全神贯注地体验生活。消费者自我实现的需要，体现在其借助某种产品，如教育、运动、美食等充分发挥自己的才华与创造力，开发自己的潜能，追求理想，实现抱负。

不同层次的需求会产生不同的购买动机，人们购买食品是基于基本的生理需求，而购买奢侈品则是出于尊重的需求。同样，消费者在购买过程中，会受到其感觉和知觉的影响。态度是消费者对某一产品的内在感受和情感，如喜爱、厌恶等情绪。消费者对产品的态度直接影响到其购买行为。当消费者对某一产品持否定的态度时，则其购买这一产品的概率可能会大大降低，因此，广告传播的一大任务就是对消费者态度的影响或改变。在消费者头脑中，信念主要体现在其对产品已经形成的印象上，比如德国汽车代表着安全、稳定和高质量，日本汽车则是细腻、省油的代名词等，消费者的信念成为其购买决策的依据。

三、影视广告竞争对手分析

《孙子兵法·谋攻篇》中说："知彼知己，百战不殆。"[①] 在一些特定情况下，竞争对手的信息甚至比企业某些决策还重要。

（一）竞争对手的定义与分类

竞争对手是指在某一行业或领域中，拥有与我们相同或相似资源（包括人力、资金、产品、环境、渠道、品牌、体力等资源）的个体（或团体），并且该个体（或团体）的目标与我们相同，其行为会给我们带来一定的利益影响，称为我们的竞争对手。事实上，只有那些有能力与自身企业相抗衡的才是真正的竞争对手。

竞争对手一般分为现实竞争对手和潜在竞争对手两大类。

---

① 孙子.孙子兵法·谋攻篇 [M].上海：上海人民美术出版社，2018.

1.现实竞争对手

现实竞争对手是指现实存在而且对企业构成威胁。现实竞争对手中，又可以细分为直接竞争对手、间接竞争对手和替代性竞争对手三类。

（1）直接竞争对手

直接竞争对手是指产品相同且满足同一目标用户群体的需要。比如可口可乐和百事可乐、肯德基和麦当劳，就属于直接竞争对手。

（2）间接竞争对手

间接竞争对手是指产品可能不同，但是目标用户群是一致的。比如可口可乐和汇源果汁。

（3）替代性竞争对手

替代性竞争对手是指目标用户群是一致的，但是产品或服务具有较大的优势，能够替代竞争对手。比如柯达胶卷和索尼数码相机。

2.潜在竞争对手

潜在竞争对手是指暂时对企业不构成威胁的。潜在竞争对手包括行业相关者和非行业相关者两类。

（1）行业相关者

行业相关者包括横向行业相关者，即提供大致相同类型产品或服务的企业，也包括纵向产业相关者，比如上下游企业。

（2）非行业相关者

非行业相关者本身拥有强大实力，受到巨额利润的诱惑加入竞争者的行列。

（二）竞争对手分析的情报来源

1.年度报告

年度报告是公司撰写出来对本期内生产经营情况简单的回顾与展望，对取得的主要成绩，特别是财务收支、利润及收益分配进行报告的一种文体。且具有格式规范、语言规范、期限统一、程序规范和内容真实的特征。

2. 竞争产品的文献资料

文献资料是人们用文字、图形、符号、声频、视频和数字等手段记录下来的知识，包括图书、报刊和各种视听资料，如胶片、录音带、录像带、影片、磁带、光盘、网络等。

3. 内部报纸和杂志

内部报纸和杂志通常是非常有用的，因为它们记载了许多详细信息，例如重大任命、员工背景、业务单位描述、理念和宗旨的陈述、新产品和服务以及重大战略行动等。

4. 广告

从此可以了解主题，媒体选择，花费水平和特定战略的时间安排。

5. 行业出版物

这对了解财务和战略公告、产品数据等诸如此类的信息是有用的。

6. 销售人员的报告

虽然这些经常带有偏见性，但地区经理的信息报告提供了有关竞争对手、消费者、价格、产品、服务、质量、配送等此类的第一手资料。

7. 顾客

来自顾客的报告可向内部积极索要获得，也可从外部市场调研专家处获得。

8. 供应商

来自供应商的报告对于评价诸如竞争对手投资计划、行动水平和效率等是非常有用的。

9. 专家意见

许多公司通过外部咨询来评估和改变它们的战略。对这些外部专家的了解是有益的，因为他们在解决问题时通常采用一种特定的模式。

（三）对竞争对手的广告分析

在影视广告策划的竞争对手分析中，最重要的是直接针对竞争对手的广告情况进行分析。广告是企业市场营销策略的有效手段之一。除了对竞争对手的市场进行实时监测外，对竞争对手的广告监测和分析也是影视广告策划的重要内容。通过掌握竞争对手的广告状况，企业可以制定有效的广告应对策略，以在广告竞争中取胜。对竞争对手的广告监测通常包括以下内容：

1. 竞争对手的广告概况

与竞争对手的市场概况调查相同，广告概况调查也是对最基础、最表层信息的搜集，但却是广告监测中必不可少的一步。具体来说，主要包括：竞争对手广告活动开展的时间、地点与主要内容，广告各媒介的具体表现，广告发布的媒体与具体的时段、版面、地点，广告费用投入及分配，广告活动的效果（如销售量、知名度、美誉度、品牌形象、社会影响及其他方面的改变）。

2. 竞争对手的广告策略

竞争对手的广告概况分析可以使企业了解竞争对手开展广告活动的基本情况，而竞争对手的广告策略则可以为企业提供策略上的借鉴，主要包括：

第一，目标市场策略，即广告的目标市场及其营销特征如何。

第二，产品定位策略，即广告的定位是什么，有何合理与不合理之处。

第三，广告诉求策略，即广告的诉求对象是谁、诉求重点有何变化、诉求方法是什么，有何合理与不合理之处。

第四，广告表现策略，即广告主题是什么、广告作品风格有无变化、广告创意如何，有何合理与不合理之处。

第五，广告媒介策略，即采用什么样的媒介组合和媒介排期、广告发布的时机如何、广告投放量的变化，有何合理与不合理之处。

第六，促销策略，即采取的促销方法与手段。

总之，在进行对竞争对手的广告监测时，应先从广告概况和广告策略两个方面对每个竞争对手进行调查，然后再将每个主要竞争对手的分析结果综合整理，得到较系统的对比资料。通过这些资料，可以认清企业在竞争中所处的地位，找出竞争对手的薄弱环节，并以此为出击方向进行突破，从而为广告策划提供必要的依据。

需要注意的是，对竞争对手的广告监测工作是一个长期的过程，相关资料不可能通过一次监测就轻易获得，而是在一点一滴地积累中形成的。可以说，没有长期的监测资料积累，就不可能全面综合了解竞争对手的情况，也就不可能制定有效的、针对性强的竞争策略。

第三节　影视广告的表现策划与媒体策划

一、影视广告的表现策划

（一）影视广告表现的意义

1. 实现广告目标的中心环节

影视广告表现是整个广告活动的一个关键节点，它前面的工作多为科学地调查、分析、提出方案、创意、构思，后面的工作是将这些在创作人员头脑中的创意转化成看得见、听得到，甚至是摸得着的、嗅得出的实实在在的广告作品，并将这个作品有效地传达给目标市场的消费者。因此，我们说影视广告表现在整个广告活动中处于承上启下的地位，是实现广告目标的中心环节。

2. 反映创作人员的基本素质

广告创作人员的水平高低，可以从他的广告作品中直接体现。好的创作人员在创作广告作品时能充分理解广告战略的目标、方针，准确地抓住诉求重点。而水平较低的设计人员，其广告作品没有魅力，不能引起消费者的注意。

3. 决定着消费者对产品的评价

消费者是通过广告作品来认识商品的，已知的东西比未知的东西能使人抱有更大的信任感，消费者看到其不了解特性的广告商品时，无疑是要选择其中对广告作品有亲近感的商品去购买。所以，即使是只喊出品牌名称的广告，假如能让消费者觉得亲切可信，这种广告同样有助于广告商品的推销。

（二）影视广告表现手段

影视广告表现最终结果是广告作品，虽然表现作品的手法五花八门、千奇百怪，但广告表现的符号主要是语言文字和非语言文字两大系统。

1. 语言文字系统

语言文字系统即影视广告作品中的语言文字部分，包括影视广告中的标题、解说词、标语口号，以及商标、商品名称、价格、企业名称等。影视广告的语言大都是有声的，因此能够有效地刺激受众的感官。

在运用语言文字方面应该注意：

（1）要掌握好词语创造的灵活性特点

词语是能够随意组合的，但必须约定俗成，符合社会语言习惯和承受能力。创造新的词语时，要确保人们能够接受和理解。

（2）要掌握好语言开放性的特点

在语言的选择上，既要扬弃，又要吸纳，创造活泼、生动、贴切、富有刺激性的广告语言。

（3）要注意非语言表现的补充

当语言无法完全表达时，应注意运用非语言手段来配合。

2. 非语言文字系统

非语言文字系统指语言之外的一切能够传递信息的手段。在影视广告表现中，非语言主要有图画、色彩、构图、音乐和音响等。

（1）图画

图画指影视广告中的影像等。运用图画，可以直观地展示广告商品，增强注意力和说服力。注意图画的表现要具有真实感，能体现广告主题，与广告文字相配合使用。

（2）色彩

色彩是影视广告表现的一种重要手段，能够刺激受众，产生强烈的心理效果。

（3）构图

构图就是对影视广告内容进行编排和布局，达到最佳的视觉效果。构图有一些基本形式法则。这方面的内容后面还要详细介绍。

（4）音乐、音响

在影视广告中，经常要运用音乐和音响。音乐要注意与广告主题相协调。音响有环境音响、产品音响、人物音响等，要清晰、悦耳，避免噪音。

各种艺术形式，如舞蹈、雕塑、建筑等，也是非语言文字手段，同样也可以用于影视广告表现中。

（三）影视广告表现成功的法则

1. 传统媒体时代的 AIDMA 法则

美国广告学家 E.S. 刘易斯在 1898 年提出的 AIDMA 营销法则中指出，消费者从接触到营销信息，到发生购买行为之间，大致要经历五个心理阶段：引起注意（Attention）、产生兴趣（Interest）、培养欲望（Desire）、形成记忆（Memory）、购买行动（Action），即引起注意—产生兴趣—培养欲望—形成记忆—购买行动[①]。

在传统媒体时代信息不对称的环境下，广告主通过强大的电视、报纸、杂志以及终端等媒介，广泛发布产品信息，动态地引导消费者的心理过程，刺激其购买行为。

2. 传统互联网时代的 AISAS 法则

AISAS 法则由国际 4A 广告公司日本电通广告在 2005 年提出，Attention（注意）、Interest（兴趣）、Search（搜集）、Action（行动）和 Share（分享），即注意—兴趣—搜集—行动—分享[②]。互联网作为一种全新的媒体介入社会生活，电视、广播、报纸这些曾经的大众媒体被戴上了"传统"的标签。交互式的新媒体开始解构消费者曾经习以为常的行为习惯，也开始解构原有的广告营销推广

---

① 陈明. 网络营销 [M]. 广州：广东高等教育出版社，2004.

② 范慧君. 网络广告实务 [M]. 合肥：合肥工业大学出版社，2015.

法则。2005 年，日本广告市场出现了与以往不同的形态：四大传统广告媒体形式的投入金额与前一年相比出现微小的下降，与此同时，网络广告的投入却暴涨了 54.8％。这个变化标志着互联网对生活和产业的影响已经初具规模。在这个背景下，日本电通广告集团率先修改了传统的 AIDMA 模型，提出了 AISAS 模型，用以解释新媒体环境带来的营销新趋势。

Web2.0 时代是仍有消费者行为变化的主要因素之一。首先，人们通过网络主动、精准地获取自己想要的信息的能力大大增强。消费者在进行购买决策的过程中，常常会通过互联网搜索产品信息，并与相关产品进行对比，再决定其购买行为。CNNIC（中国互联网信息中心）历次调查数据显示，"对商品、服务等的信息检索始终是网民对互联网的主要用途之一"[①]。其次，BBS（网络论坛）、博客、SNS（社交网站）等社会化媒体技术平台的普及，还赋予了人们发布信息的权利。于是，在消费者进行消费的过程中，还可以作为发布信息的主体，与更多的消费者分享信息，为其他消费者的决策提供依据。消费者的行为改变使营销方式和广告策略也发生了相应的变革。互动、分享的传播模式还给予了营销与消费者近距离接触的可能，这让广告主更加注重网络的口碑。在新技术下，搜索引擎广告、富媒体广告、品牌图形、视频弹窗等长期占据着网络广告的主要形式，这和原来的大众媒体广告一样，本质上还是一种广而告之。

3. 移动互联新时代的 ISMAS 法则

北京大学刘德寰教授提出，根据移动互联时代人们生活形态的改变（尤其是用户主动性的增强），针对传统的理论模型提出的改进模型，即 Interest（兴趣）、Search（搜索）、Mouth（口碑）、Action（行动）和 Share（分享）（ISMAS）[②]。多重媒介式的生活导致受众注意力消散。曾经我们只有电视、广播和纸媒，但现在我们不仅拥有这些，还有手提电脑、平板电脑、智能手机这些种类丰富的媒体终端，它们小巧、便捷，使得我们使用媒体的方式可以不再是非此即彼，我们常常玩微博、听电视，觉得电视不错，就抬头看一会儿再接着玩。但人类

---

① 黄志平，聂强 . 电子商务综合实训第 2 版 [M]. 重庆：重庆大学出版社，2006.

② 张茜，迟婉璐 . 广告营销的底层思维 [M]. 北京：机械工业出版社，2022.

有限的认知毕竟不善于同时做多件事情，媒体的泛在化极大分化了人们的注意力，加上广告主为吸引人们的注意力不断增加预算，加大消费信息的传输力度，过剩的媒体形式和媒体内容最终将人们的注意力消散掉了。在广告策略中广告以吸引注意为首要任务变成以激发消费者兴趣为出发点。①

（四）影视广告表现的重点

1. 影视广告主题的确定

（1）广告主题的界定

在广告策划中，广告主题的确立就是选择广告中心思想的过程，它是引起广告对象注意、达成广告对象满意、促成广告目标实现的手段。作为一种信息传播方式，影视广告是通过发布一定的信息而达到既定的效果，显而易见，影视广告中的信息内容就成为决定广告成败的重要因素。影视广告主题的选取要根据企业或产品的实际情况及广告目标，使人们在接触广告之后很容易理解广告告诉了他们什么，要他们做什么，力求使广告主题能与消费者产生共鸣，进而取得广告的成功。

（2）广告主题的作用

①引起注意具有明确的主题是广告成功的前提，而在纷繁的信息中提炼出适合产品的核心卖点却并非易事。在广告充斥人们耳目的今天，消费者接触的信息量早已大大超出可以理解并记忆的范围。为了达到吸引消费者兴趣进而理解并记忆广告内容的目的，简单且明确的广告主题就成为至关重要的一点。

②实现不同的传播目标。从表面上来看，基本每条广告都包含着一定的刺激或是娱乐的内容，但是从广告策划的专业角度来看，广告信息是告诉消费者其产品或服务如何解决他们的问题、满足他们的欲望和实现他们的目标的一条途径。广告可以用来促进产品或服务的购买和传播使用经验，也可以用来树立形象和建立联系，还可以在消费者心目中创建品牌定位。

③优秀的影视广告主题创作常常是广告策划成败的关键。加多宝公司制定

---

① 刘德寰，陈斯洛 . 广告传播新法则：从 AIDMA、AISAS 到 ISMAS[J]. 广告大观（综合版），
2013（4）：96-98.

的广告主题"怕上火，喝王老吉"，在传播上尽量凸显红色王老吉作为饮料的性质。在第一阶段的广告宣传中，红色王老吉都以轻松、欢快、健康的形象出现，强调正面宣传，避免出现对症下药式的负面诉求，从而把红色王老吉和传统凉茶区分开来。为更好唤起消费者的需求，电视广告选用了消费者认为日常生活中最易上火的五个场景：吃火锅、通宵看球、吃油炸食品薯条、烧烤和夏日阳光浴，画面中人们在开心享受上述活动的同时，纷纷畅饮红色王老吉。结合时尚、动感十足的广告歌反复吟唱"不用害怕什么，尽情享受生活，怕上火，喝王老吉"，促使消费者在吃火锅、烧烤时自然联想到红色王老吉，从而产生购买。在频频的消费者促销活动中，同样注意了围绕"怕上火，喝王老吉"这一主题进行，使得加多宝王老吉成功占领了凉茶市场。

（3）广告主题的原则

在广告策划过程中，广告主题起着吸引消费者注意、达成传播目标和决定广告成败的重要作用。而成功的广告主题需要经过精心的策划和选择，并且需要符合以下要求：

①目标性，符合广告策划活动的目标是影视广告主题的第一要求，广告目标是统摄广告主题其他因素的指挥棒。脑白金的广告简单明确的广告主题直指礼品市场，不仅使品牌名称深入人心，而且完成了连续9年获得全国保健食品销量第一的目标。

②差异性，有了差异性才会获得注意力，人云亦云的广告不会在消费者心目中留下任何痕迹。只有差异性的广告主题才能吸引人的注意，并开拓出新的市场。

③一致性，广告主题需要反映广告目标，体现广告定位，忠实服务于整体的传播计划。另外，这种一致性还体现在与产品名称和品牌形象的协调上。如美的集团的一句广告语"原来生活可以更美的"就完美体现出作为家电企业对于生活品质的关注，传达出美的品牌提高生活质量的自身定位。

④延续性，广告主题还需要一定的延续性，能够在整个广告策划活动期间基本不发生变化。广告的效果在于重复，广告传播需要：一定时期的积累才能让广告主题深入消费者内心。这种延续性是广告发生作用的基本要求。寻找到

能够符合要求的广告主题需要广告策划人员无数次地选择与试验。在过去的市场上，由于广告主题不合适而导致广告策划活动失败的例子不胜枚举。同样以餐饮业为例，美国汉堡王快餐连锁店尝试用广告口号来打开市场的策略一直没有成功。在过去的 15 年里他们曾 11 次改变其广告活动的口号，6 次更换其广告代理公司，却始终未能找到一个能在快餐市场上让其树立起独特风格的广告主题。

2. 影视广告的诉求策略

在确定影视广告主题之后，就要选择一定的方式将广告主张传达出来，使消费者接受并选择广告产品。这种用来吸引受众注意，并使之更贴近产品或服务的途径就是广告诉求。广告诉求构成了广告的基本内容，并且成为广告达到说服消费者目的的基本手段。美国学者唐·舒尔茨归纳了 15 位学者关于广告效果模式的研究成果后，将广告发生作用的机理假定为"学习认知——感受情绪——行动意向"[①] 这一模式，这表明广告作用的心理机制可概括为诉诸感性或诉诸理性。

（1）理性诉求策略

①理性诉求策略是指广告诉求定位于受众的理智动机，通过真实、准确、公正地传达企业、产品、服务的客观情况，使受众经过概念、判断、推理等思维过程，理智地作出决定。这种广告策略可以作正面表现，即在广告中告诉受众如果购买某种产品或接受某种服务会获得什么样的利益，也可以作反面表现，即在广告中告诉消费者不购买产品或不接受服务会对自身产生什么样的影响。理性诉求是最古老的诉求手段之一，信息全面、具有说服力是它的特点。

②理性诉求表现形式，有以下几点：

第一，直接陈述。这是最为直接的方法，说明产品的特点和功效，通过描述向诉求对象阐述产品的种种特性。如全新力士润肤露广告，全新力士润肤露有三种不同滋润度，配方和香味，充分呵护不同性质的肌肤。如白色力士润肤沐浴露含有天然杏仁油及丰富滋养成分，清香怡人，令肌肤柔美润泽，适合中

① 田卉，齐立稳. 广告策划 [M]. 北京：中国广播电视出版社，2011.

性和油性肌肤。这则广告简单明了，将产品的特性和由此产生的功效——准确阐述，可以使消费者对这种产品产生全面认识。

第二，引用数据。引用数据可以令消费者对产品和服务产生更具体的认知，翔实的数据远比空洞的、概念化的陈述更有力量。比如，瑞士欧米茄手表的广告创意是这样的：全新欧米茄蝶飞手动上链机械表，备有 18K 金或不锈钢型号；瑞士生产，始于 1848 年；机芯仅 2.5 毫米薄，内里镶有 17 颗宝石，配上比黄金罕贵 20 倍的铑金属，价值非凡，浑然天成。这样精确的描述，使消费者对产品有了更细致的了解，这里的每个数字都使这则广告更具说服力。

第三，利用图表。如果需要引用的数据较多，或者产品结构、设计的特性很难用语言描述，就可以引入简单明了的数字表格、图表或示意图。图表有时比文字更便于传达精确的信息。

（2）感性诉求策略

①感性诉求策略的概念。感性诉求策略是指直接诉诸消费者的情感、情绪，如喜悦、恐惧、爱、悲哀等，形成或者改变消费者的品牌态度。在这类广告中，消费者首先得到的是一种情绪、情感的体验，是对产品的一种感性认识，获取的是关于产品的软信息。这种软信息能够在无形中把产品的形象注入消费者的意识中，潜移默化地改变消费者对产品的态度。感性诉求广告以消费者的情感或社会需要为基础，宣传的是广告品牌的附加价值。

②感性诉求的广告要素，要求以下几点：

第一，明确的承诺。仅想占据某种情感并不够，情感必须变成真实的承诺。

第二，可信度。产品的情感价值越直接、越可信越好。可举正面的例子：一块干爽的尿布可以使婴儿感到舒适，一台洗碗机可以使生活更方便。

第三，好的创意。创意是情感诉求广告的安身立命之本，无中生有地制造强烈的感情并不能使消费者产生共鸣，较为明智的做法是从在消费者头脑中扎根的那些强烈情感出发，因势利导地展开创意。

③感性诉求广告创意注意事项有以下 3 点：

第一，要有真情实感。情感广告依靠的是以情动人，如几年前雕牌洗衣粉的广告（下岗篇）就是一个很感人的广告，年轻的妈妈下岗了，为找工作而四处奔波，懂事的小女儿心疼妈妈，帮妈妈洗衣服，天真可爱的童音说出："妈妈说，'雕牌'洗衣粉只要一点点就能洗好多好多的衣服，可省钱了！"门帘轻动，妈妈无果而回，正想亲吻熟睡中的爱女，看见女儿的留言——"妈妈，我能帮你干活了！"年轻的妈妈眼泪不禁随之掉下来。

第二，要把握感情的限度，避免不道德的内容。情感广告创意还应该注意把握感情的限度，避免广告中出现不道德的内容。

第三，要避免文化的冲突。广告战略讲究本土化，广告创意同样也要本土化，不同民族有不同的传统文化和信仰，因此在做广告的时候一定要了解当地的风土人情，避免跟当地的文化产生冲突，尤其是设计情感广告创意的时候，广告创意人员一定要先彻底了解当地的风俗人情，不要作出被消费者唾弃的广告，不仅损害广告主的利益，也伤害了消费者的情感。

企业可以借用中国的民俗来表现产品，从而使之更加贴近人心。2005年，友邦保险首次在中国大陆推出"源自中国"品牌宣传活动，以夺目的友邦红、富有中国传统特色的大门，以及鲜明的标语"世界保险巨擘——源自中国"，给消费者留下了深刻的印象。根据广告投放后的市场调查，消费者对友邦的广告画面及传达的讯息回忆率相当高，对友邦的品牌印象也有很大的提升。友邦保险也被评为2005年最具影响的跨国企业之一，这都是民族情感的胜利。

二、影视广告的媒体策划

影视广告的媒体策划是指根据对企业营销环境的分析、产品的分析、消费者的分析及竞争对手分析，从而确定电视广告是选择全国性的媒体、地区性的媒体还是地方性的媒体。对媒体的确定，不仅能使广告的效果达到最优，还能最大程度地节省广告费。

（一）影视广告媒体策划的概念及内涵

1.影视广告媒体策划概念

影视广告媒体策划指通过合理安排广告投放以达到企业广告营销目标的过

程。如何评估媒介的有效性？如何选择最有效的媒介？以及如何操作最有效的媒体？这些都是影视广告媒体策划需要解决的问题。

2.影视广告媒体策划内涵

第一，广告媒体策划应该与企业的广告活动一致，共同服务于整体营销战略。

第二，广告媒体策划应该具有整体性和前瞻性，对媒体活动整体规划，并对现实预测性思考。

第三，广告媒体策划要以市场调研为基础。

第四，广告媒体策划的目的是追求广告活动进程的合理化和广告效果的最大化。进程的合理化要求媒体活动要符合现实情况，并且要能够适应市场的发展；效果最大化要求媒体策划能够产生最佳的媒体效应和广告效果。

第五，广告媒体策划要包括媒体实施工程的监控和最终效果评估方案设定。

第六，广告媒体策划的结果应该体现有一定范式与格式的媒体策划文本。

（二）影视广告媒体策划

1.媒体市场状况分析

（1）行业状况

行业状况包括行业及公司业务范围、行业特点，行业发展历史、现状及趋势，市场问题、规模、成长潜力，行业地理分布特征。

（2）企业状况

企业状况包括公司规模、成长及利润状况，公司的知名度、美誉度，公司的市场地位。

（3）产品状况

产品状况指产品类别、产品特征、产品品质，产品设计、包装、用途，产品组合、产品定价，以及产品生命周期所处的阶段。

（4）竞争对手状况

竞争对手状况包括竞争对手的规模、市场份额、成长潜力，竞争对手的弱点分析，竞争对手的营销活动。

（5）消费者状况

消费者状况包括人口统计、地理分布，消费者心理分析；消费者行为分析；影响消费行为的因素分析，如文化因素、社会因素、个人因素；消费者决策过程分析，如需求确认、信息寻找、产品评价、购买决策、购后行为。

（6）渠道状况

渠道状况包括销售层次分析，如采取的流通网络类型分析，与分销渠道各级成员关系分析，经销商分析，渠道地区策略。

（7）宏观经济环境状况

宏观经济环境状况包括经济状况、政治形势、文化环境、自然环境、技术环境。

2. 媒体目标确定

（1）广告的有效性

广告既是讯息的发布，又是一种沟通的形式。所有影视广告的最终目的都是：发布的广告被人们知晓，用途和作用能够明白，意图能够沟通，达到人人皆知的效果。

因此在选择目标时，不同的商品有不同的受众群体，针对不同的受众群体，采用什么样的方式、方法，达到什么样的知晓效果，都取决于发布的广告是否有效？沟通是否达到预期目标？在影视广告制作为成品后的说服力或吸引力，没有引起消费者注意或没有看见，这就直接影响媒体策略的目标和效果。有效的广告信息沟通，必须从消费者的注意力开始。

消费者必须对广告中所携带的信息进行识别和接收，这一广告信息处理包含了目标群体确定的评价信息、信息的来源以及最终可采取的任何行动。这种目标设定评价过程可能会反过来，诸如，影响发布者的视觉美感、质感和态度的形成，未来行动的意图，选择的目标群体的潜意识发展，并最终驱使消费者的行动。

（2）广告的目的性

从受众对广告的接受过程看，其心理反应分为以下五个阶段：感知、接收、记忆、态度、行为。

①感知是影视广告信息对消费者产生效果的直接反应的首要环节，是受众知晓广告存在的直接反应，接下来才会引起人们对广告的注意和后续效果。

②接收是影视广告流向人们的过程，是人们理解广告内容、了解商品的过程。影视广告的感知与接收，即对视觉效果的震撼，画面质感、音乐、音效的喜爱程度的接受。在影视广告的媒体策略中，要引发消费者对广告的接受，就必须注意一点：与时俱进的视频创作和流行音乐、偶像明星的加入，起到至关重要的作用。

③记忆是消费者思索消费的过程中，作出是否购买商品选择的不可缺少的条件。在影视广告的记忆环节中，消费者往往是接受视频的审美情趣后，留下的记忆，由此记忆带来的广告信息传递。在这个记忆过程中，还有一个保留时间长度与画面或音乐、动效的深度问题。那么在影视广告的媒体策略中，为了使消费者的记忆深远，还需在色彩上形成极大的反差，偶像演员在当时受欢迎的程度，以及音乐的最为流行的片段的深刻印象上下功夫。要达到不被遗忘，广告策划就需要在时间段播出的选择上、在影视广告的视觉元素的打造上、在记忆的深度细胞的刺激功能上发挥作用。

④态度分为两方面：一是受众对影视广告产生的认知情况，二是消费者对商品的功能产生的认知情况。这是一种审美功能与记忆功能的结合体。广告本质是一个功利行为，在媒体策略阶段，怎样将审美功能演变为深度的认知，从而达到购买的过程，这就是态度。怎样将记忆功能转化为消费功能，这也是态度。受众对商品的态度，就是受众对影视广告的诉求过程的转化的态度功能的行为过程。

⑤行动是影视广告发布的最终目的。怎样才能驱使人们去购买的行动，就是影视广告的媒体策略最后的效果。在这里"场景再现"是驱使人们行动的动力之一，为了完成这一行动，媒体策略就将在这一情景中起作用。例如，通过有影响力的媒体推送，发布诸如媒体偶像签名销售、竞猜有奖营销、新品上市打折、优惠所带来的行动等，都是影视广告媒体策略的方式、方法。

（三）影视广告媒体选择与组合

媒体的选择就是通过具体分析评价各类媒体的特点及局限性，找出适合广告目标要求的媒体，从而使广告信息顺利地到达目标顾客。不同的媒体具有不同的特点。一方面表现在空间上，如传播的范围、对象等；另一方面表现在时间上，如传播速度和被观看或收听的时间等。影视广告媒体研究就是要研究媒体的各种特点，选择最有效的媒体和媒体组合，以尽可能少的费用，顺利实现广告目标。

1. 传统媒体

在新媒体与传统媒体交融的时代，广告投放策略需要了解媒体策划过程中选择传统媒体的具体标准，也需要新媒体的大数据支持，使得广告投放有更高的精准度。对于传统媒体而言，需要注意以下几点：

（1）覆盖域

覆盖域即广告媒体发挥影响的范围，或是媒体的普及状况。覆盖域是考察广告媒体的一个重要指标，广告主企业或广告经营单位在选择广告媒体时，首先就要考虑媒体是否能够影响到目标市场的消费者。

（2）收视率（点击率）

收视率为专门收视收听某一特定电视节目的人数或户数的百分比。通常是以 100 个家庭为基数，然后测定收视节目的家庭所占的比率。广告主和广告公司往往以此来决定是否购买这一时段的广告，而电视台也以此作为制定广告价格的一个参考。

（3）到达率

到达率是表示在一定时期内，不同的人或家庭接触某媒体广告的比例。如计算电视节目的到达率，以 100 为基数，如收视一定节目或广告 1 次以上的家庭（不重复计算）为 20，则有 20％的到达率。

（4）触及率

触及率是广告经某一媒体传播后，触及的人数与覆盖域内总人数的比率。

触及率不能准确地表明触及广告信息人数与媒体受众之间的关系，但触及率高的，媒体的可用性也高。

（5）毛感点

毛感点指广告通过媒体传播所获得的总效果，是各次广告传播触及人数比例的总和。电子媒体一般用总收视（听）率来表示，就是把一段时期的各收视率相加得出的。因为电子媒体需要多次反复播出广告，观众才会多次接触到广告信息，就有一个频度的概念。毛感点是可以重复计算的，经过累加后可能超过100％。这一指标能够比较清楚地表明一则广告通过媒体所取得的总的传播效果。

（6）频度

频度又称平均收视频度，是表示收视1次以上电视的家庭（人）的收视次数。把广播电视的到达率乘以频度，就可以知道总收视率。

（7）权威性

权威性主要是衡量媒体的影响力，是对媒体的传播效果在质的方面的考察。广告对消费者产生影响，一是广告作品产生的作用，二是广告推出后所产生的作用。不同媒体的权威性不同，如一家体育类报纸刊登体育用品的广告可能更有说服力，一个娱乐性的节目插播文化娱乐类的广告可能更有效果。一种资信较高的媒体所发送的广告可能更令人信服。从媒体本身来说，也会因其空间和时间的不同，权威性有所差别。

（8）每千人成本

媒体费用分绝对费用和相对费用两类。绝对费用是指使用媒体的费用总额，相对费用是指向每千人所传播广告信息所支费用。千人成本是将一种媒体或媒体排期表送达1000人或家庭的成本计算单位，是衡量广告投入成本的实际效用的方法。

2.数字媒体及媒介融合

日臻完善的互联网支付体系，使数字传播渠道真正具备了销售渠道功能，比起擅长打造品牌影响力、传播力和知名度的传统媒体，数字媒体在销售转化和流量变现方面优势明显。因此，数字媒体广告投放比例持续攀升，成为广告主破解营销传播时效难题的锁钥。中国传媒大学广告主研究所的调研数据显示，广告主在移动端的投入持续加大，移动端成为广告主数字媒体花费增长的主要动力。新闻资讯、搜索引擎和社交媒体已逐步成为企业主要运用的移动互联网媒体类型。新闻资讯应用凭借其用户黏着优势受到广告主的青睐，在媒体平台选择方面，诸如腾讯新闻、搜狐新闻和今日头条等用户覆盖率广、启动频率高的大流量平台可以成为广告投放的选择。另外，许多定位和功能更细化的垂直资讯 App，以其新闻内容的深入和专业，黏着细分消费者，传播更加精准；在广告形式方面，原生广告成为广告主普遍采用的广告投放形式，通过沉淀目标用户阅读内容和习惯等行为数据进行个性化广告投放，同时将产品与品牌的信息渗透到新闻资讯、专题报道等媒介信息中，实现与用户阅读场景的无缝对接，在潜移默化中灌输品牌产品知识。以微信、微博为代表的社交媒体类型，因为具有建立企业账号与用户进行直接沟通、加深品牌与用户的亲密关系、口碑带动销售转化等优势，也成为广告投放的新阵地。移动互联技术已经成为破解媒介疆界区隔的关键，也是加速传统媒体与数字媒体互通互融的重要力量。广告投放借助移动互联进行媒介融合运作的形式主要表现在三方面：

第一，户外媒体与移动端的融合。通过添加二维码建立户外广告和手机之间的链接的方式，已经被广告主普遍采用，随着 LBS、传感器等移动互联技术的日臻成熟，户外媒体与移动端的融合将更为深入。例如，Clear Channel Outdoor（美国清晰频道通信公司）发布的一款技术工具能将户外装置变成数字接口，当行人经过时，移动传感器会启动装置，向行人推送广告信息或移动网址等，实现户外广告与智能手机的近距离对接。国内，分众传媒通过移动Wi-Fi 与 iBeacon（室内定位导航）技术实现随时随地和消费者手机连接，分众传媒联合百度及电商为广告主们建立起具有强大互动能力，并能够实现搜索、消费大数据分析的精准投放平台，广告主可以通过这个平台实现消费者的触达、互动，引爆购买和分享。

第二，电视媒体与移动端的融合。虽然电视广告份额逐年下降，但电视媒体在影响力和受众覆盖方面优势明显，近年来，广告主主要通过"微信摇一摇""边看边买"等"电视＋移动端"的互动新模式，为品牌和产品创建新的广告展示平台和新的流量入口。

第三，PC 端与移动端的融合。在程序化购买方面，随着越来越多的网络广告预算向移动端倾斜，广告主对于打通移动端与 PC 端用户行为数据的需求越来越高，旨在破解两者的业务重叠和冲突问题，充分利用移动端的定位、互动和创意展现及 PC 端的创意轮播优势，实现全方位的品牌展现和精准推广。[①]

第四节　影视广告的策划书

一、前言

前言应简明扼要地说明广告活动的时限、任务和目标，必要时还应说明广告主的营销战略。这是全部计划的概要，其目的在于把广告计划的要点提出来，以便让企业最高层次的决策者或执行人员快速阅读和了解，使最高层次的决策者或执行人员对策划的某一部分有疑问时，能通过翻阅该部分迅速了解细节。这部分内容不宜过长，以数百字为佳，所以有的广告策划书称这部分为执行摘要。

二、市场环境分析

市场环境分析一般包括四方面的内容：企业经营情况分析、产品分析、市场分析、消费者研究。撰写时应根据产品分析的结果，说明广告产品自身所具备的特点和优点。再根据市场分析的情况，把广告产品与市场中各种同类商品进行比较，并指出消费者的喜好和偏向。如果有可能，也可提出广告产品的改进或开发建议。有的广告策划书称这部分为情况分析，简短地叙述广告主及广告产品的历史，对产品、消费者和竞争者进行评估。

---

① 陈怡，李月月.2016 年广告主媒体策略三大变化 [J].青年记者，2016（18）：14–16.

三、广告重点

影视广告的目标策略，一般应根据产品定位和市场研究结果，阐明广告策略的重点，说明用什么方法使广告产品在消费者心目中建立深刻的印象；用什么方法刺激消费者产生购买欲望；用什么方法改变消费者的使用习惯，使消费者选购和使用广告产品；用什么方法扩大广告产品的销售对象范围；用什么方法使消费者形成新的购买习惯。有的广告策划书在这部分内容中增设促销活动计划，写明促销活动的目的、策略和设想。也有把促销活动计划作为单独文件分别处理的。

四、广告对象或广告诉求

广告对象或广告诉求主要根据产品定位和市场研究来测算出广告对象有多少人、多少户。根据人口研究结果，列出有关人口的分析数据，概述潜在消费者的需求特征和心理特征、生活方式和消费方式等。

五、广告地区或诉求地区

广告地区或诉求地区应确定目标市场，并说明选择此特定分布地区的理由。

六、广告策略

广告策略要详细说明广告实施的具体细节。撰文者应把所涉及的媒体计划清晰、完整而又简短地设计出来，详细程度可根据媒体计划的复杂性而定，也可另行制定媒体策划书。一般应清楚地叙述所使用的媒体、使用该媒体的目的、媒体策略以及媒体计划。如果选用多种媒体，则需对各类媒体的刊播及如何交叉配合加以说明。

七、广告预算及分配

要根据广告策略的内容，详细列出媒体选用情况及所需费用、每次刊播的价格，最好能制成表格，列出调研、设计、制作等费用。也有人将这部分内容列入广告预算书中专门介绍。

八、广告效果预测

广告效果预测主要说明经广告主认可，按照广告计划实施广告活动预计可达到的目标。这一目标应该和前言部分规定的目标任务相呼应。

在实际撰写广告策划书时，上述八个部分可有增减或合并分列。如可增加公关计划、广告建议等部分，也可将最后部分改为结束语或结论，根据具体情况而定。

第三章　影视广告文案

影视广告文案是指影视广告创意的文字表达。从影视广告、影视语言要素上分，包含语言部分的广告词、画面、音乐、音响等。影视广告文案在写作过程中除了运用一般的语言文字符号外，还必须掌握影视语言，运用蒙太奇思维，按镜头顺序进行构思，这颇似电影文学剧本的写作，因此又被称为影视广告脚本。本章对影视广告文案进行了介绍，主要从两方面进行论述，分别是影视广告文案概述、影视广告文案的创作。

第一节　影视广告文案概述

一、影视广告文案的内涵

对广告中的语言和文字有概念上的界定是在现代广告学产生之后才开始的。19 世纪 80 年代之后，美国开始使用"广告文案"（Advertising Copy），并出现了专门的广告文案撰稿人。在我国，人们对于"广告文案"的认识，是随着对广告行业的认识而逐渐完善成熟的。从苏上达《广告学概论》中认为"标题"是"广告全幅上最重要的文字"[①]，到 20 世纪 80 年代，唐忠朴、贾斌的《实用广告学》将广告中的文字和图称为"广告稿"，傅汉章《广告学》中将"Advertising Copy"翻译为"广告拷贝"，直到 1991 年《现代广告学名著丛书》中明确将"Advertising Copy"和"Copywriter"翻译为"广告文案"和"广告文案撰稿人"，

---

① 苏上达 . 广告学概论 [M]. 北京：商务印书馆，1940.

由此"广告文案"的概念才开始普及。

作为一种信息传播活动,广告是由传播者与受传者共同理解的语言符号与非语言符号所构成的,这些符号的载体就是广告作品,广告中的语言符号就是文案。广告文案是已经完成的广告作品中的全部的语言符号,包括有声语言和文字,它与非语言符号共同构成一个完整的广告作品。广告文案一般由标题、广告口号、正文、附文四部分组成。影视广告文案是在已经完成的影视广告作品中的全部的语言符号,包括画外音、人物语言、字幕、广告歌词等。它与平面广告文案等有着极大的不同,它既是声音(对白、独白、旁白、音乐等)和字幕的呈现方式,又是文字脚本、分镜头脚本、故事板脚本的载体。

二、影视广告文案的特殊性

影视广告是一种构成元素众多的广告传播形式,它不仅有构图、色彩等静态画面,还有影像、音乐、语言、舞蹈等动态的传播元素,其广告创意涵盖了图像、声音、字幕等各个方面的设计,而这一切都必须通过广告文案的写作来具体表现,这就使得影视广告文案与其他媒体的广告文案有所不同。

(一)性质与形式的特殊性

有别于杂志、报纸、广播等媒体的广告文案,影视广告文案并非广告作品的最终形式,它只是通过将广告主题、形象、传播广告信息等创意内容形式化,所形成的具体语言文字部分,是在形成广告作品之前广告文案创意人员与拍摄导演之间沟通的一份详细的计划说明,不同于报纸杂志等平面媒体广告的文案性质,影视广告文案的好坏直接影响到影视广告作品的创意水平与传播效果。

在形式上,影视广告文案也是有别于报纸杂志等媒体的广告文案的。在影视广告文案的创作过程中,除了运用语言文字符号之外,还要运用蒙太奇等影视创作思维开展文案创作,将画面、声音等元素通过语言文字有机地统一起来。进而,将文案所想要传达的影视画面具象化,为影视广告导演的二次创作提供一个清晰的文案。其过程类似于电影文学剧本的创作过程。

（二）语言的特殊性

因为影视广告不同于报纸、广播等其他媒体广告的信息传播方式，所以在影视广告文案中，影视语言也因其具象的、直观的特点而不同于其他广告语言。影视语言一般由三方面组成：一是视觉元素，包括画面、字幕；二是听觉元素，包括音乐、音响、广告词、画外音、人物语言等有声语言；三是镜头剪辑技巧，即蒙太奇等。

影视广告中的语言，即影视语言，可以通过其具体的形象来传情达意，通过摄像机记录实现"物质现实的复原"[①]的能力来表现其运动的、现实的特点，做到使观众有身临其境的感受。因此，在影视广告文案中，运用影视语言来形成影视广告的形象是具有独特性与必要性的。

三、影视广告文案的表现形式

影视广告文案的表现形式主要有四个方面：画外音、字幕、人物语言和广告音乐。

（一）画外音

画外音包括独白、旁白、广告口号。独白大多是从广告中主人公的视角出发，表现人物的内心世界，更加具有切身感受的实际说服能力，配音大多会采用画面中的原音。旁白多以局外人的视角看情节的发展，多以说明性的语言出现，介绍产品的功能等。除开这种比较详尽的广告画外音外，还有一种简单地喊出广告口号的简单画外音。画外音在文案的写作过程中一般活动范围较大，需根据广告的情节和产品诉求、受众定位等进行创作。如 SK–Ⅱ神仙水（汤唯篇）、力士洗发水（恒永慕爱篇），通过画外音对产品及品牌进行了陈述。

（二）字幕

字幕是无声的语言，它主要通过屏幕上的文字与受众进行沟通。字幕在影视广告文案的写作过程中比较强调书面化的形式与语言表达，它常常伴随独白

---

① 贺志朴，马明杰. 影视美学通论 [M]. 北京：中国纺织出版社，2020.

出现，强化声音的内容，在画面中淡入淡出，能够提炼广告的精髓、调动情绪，能够辅助广告信息的理解。字幕的字体、节奏、方式等都能够调动广告氛围的变化，起到解释画面、推动情节、突出广告主题的作用。如兰芝气垫BB霜（宋慧乔篇），用字幕对其产品进行了较好的介绍和说明。

（三）人物语言

人物语言主要指影视广告中出现的人物（包括人、动物、玩偶、虚拟形象等）以独白或者对白的方式出现的声音。人物语言一般比较通俗化、口语化，更多的是通过对话或独白等比较生活化的表达来拉近与消费者之间的距离，推动情节的发展。如保护孩子心灵公益广告，通过甲和乙的对话说明了情节，最后通过字幕"耳濡目染，影响孩子成长"的广告语，并打出"保护孩子的心灵，请谨言慎行"字样来。

（四）广告音乐

广告音乐在影视广告文案的创作过程中相对独立，它可以是专门为产品广告而创作的专属歌曲歌词，也可以是对已有版权的歌曲进行适合产品的歌词改编；可以是英文、中文，也可以是没有歌词的纯音乐；可以是流行歌曲，也可以是民歌戏曲。比如"乌江榨菜中国好味道篇"中就采用了一首戏曲风的歌曲，将乌江榨菜的产品信息有趣生动地与歌词相结合，很容易吸引受众的注意力。

四、影视广告文案类型

影视广告文案的创作属于影视广告创作前期准备工作的一个部分，是广告创意与构思的文字外在表现，其最主要的作用就是能够将广告创意清晰完整地表达出来，与广告主、导演与制作部门进行良性的沟通。在影视广告的长期发展过程中，基本形成了影视广告文案写作的规范方式。影视广告文案主要包括以下三种类型：一是文学脚本，二是分镜头脚本，三是故事板。

（一）文学脚本

1. 影视文学脚本概念

影视广告文案的文学脚本是分镜头脚本的基础，它一般由文案编剧完成，主要是通过浅显的、文学化的语言将广告创意与构思的广告类型、画面、人物、情节、对话、字幕、广告语、商品、格调等内容，栩栩如生、生动形象地表达出来，以便能够让人清晰地理解广告文案、格调以及想要传达的产品的创意。

【案例】绿箭清新口气篇广告

画面一：一个女孩倚在她的办公桌旁边，远眺窗外，从口袋里拿出绿箭口香糖放入口中咀嚼。

画面二：一个中年男子也在远眺窗外，心中思念着女儿，此时女儿开门回来了。

女儿：爸。

父亲：哎，怎么回来了？

女儿：想你嘛。

父亲：不是有电话吗？

女儿：但我想见你啊！

画外音：绿箭，清新口气，你我更亲近。

2. 影视广告文案脚本的形式

影视广告的形式是由影视广告的内容所决定的。广告创作者必须通过创意和构思把广告内容传达出来，并且借助一定的结构形式和表现手段，通过语言文字表达出来。按照影视广告具体的表达形式可以将影视广告脚本的形式作如下分类：

（1）结构形式

影视广告文案脚本在创意构思过程中的各个环节具有内在的联系，广告文案脚本在表达过程中需要依据特定的结构进行创作和表达。

（2）表达方式（技巧）

影视广告文案脚本的表达方式实质上是影视广告内容表达所采用的表达方法和技巧。

（3）语言（解说词）

语言是指在影视广告脚本内容呈现过程中所采用的解说词。

（二）分镜头脚本

分镜头脚本指的是利用稿纸描绘创意，主要的任务是根据解说词和电视文学脚本来设计相应的画面，配置音乐音响，把握片子的节奏和风格等。

分镜头脚本是文字脚本，是依据时间的顺序以文字描绘广告里将会出现的场景、旁白以及音效。分镜头脚本可以在执行前当作广告影片的时间预计标准，可以让客户提前知道整体的方案，如表 3-1-1 所示，为奥利奥双心脆的分镜头脚本。

表 3-1-1　分镜头脚本

镜头	景别	画面内容	画外音	字幕	音乐	时长
1	近景	小女孩天真无邪地向爸爸提问。	小女孩："爸爸，我给你猜个谜！"	奥利奥蓝色中文 LOGO 始终在画面右下角	无	2秒
2	近景	爸爸忍俊不禁地点头答应。	爸爸："嗯！"			1秒
3	中景＋特写	中景：父女对面而坐；特写：小女孩说话时伸出左手，手指一张一合。	小女孩："它很脆的，咬起来咔嚓咔嚓的！"			2秒
4	近景	爸爸略思索，伸手作询问状。	爸爸："是……威化吗？"			2秒
5	特写	小女孩肯定地点头。	小女孩："是的！"			1秒
6	近景	小女孩伸出双手，歪着头，在左眼前比出一个心形手势。	小女孩："它还有两颗心！"			2秒
7	特写	以小女孩双手比出的心形为虚化的前景，爸爸的脸从心形的空白处显露出来，实景，爸爸作疑问状。	爸爸："两个心？"			1秒

续表

镜头	景别	画面内容	画外音	字幕	音乐	时长
8	中景	小女孩背影在画面左下角虚化，爸爸在画面中右侧，爸爸托腮作思索状。	小女孩："是夹心呀！"			1秒
9	近景+特写	小女孩在身体左侧比出心形手势，然后移到身体右侧；特写：小女孩双手比出的心形。	小女孩："巧克力和香草！"			3秒
10	近景	爸爸手托腮，一根手指不停地敲着下巴，微微张嘴，眼睛斜视，作认真思考状。	爸爸："呃……"		无	1秒
11	近景	小女孩翻白眼歪起头，无奈地叹口气，像小大人一样作无语状。	小女孩："呜呼！"			1秒
12	近景	小女孩弯下腰，拿起一块奥利奥双心脆威化。	小女孩："是奥利奥双心脆哟！"	奥利奥蓝色中文LOGO始终在画面右下角		3秒
13	特写	一层奥利奥威化淋上巧克力酱、另一层淋上香草酱，几层淋好的威化上下排列，并不断向中间挤压，组成一块完整的双心脆威化，夹心酱作欲溢出状。镜头切换，一条完整的奥利奥双心脆横在画面，被从中间折成两段，折开处蹦出威化碎屑。	旁白："奥利奥双心脆威化，巧克力和香草双重夹心，酥脆美味，层层好滋味！"		轻快跳跃的音乐	5秒
14	中景	小女孩把威化递到爸爸嘴边，爸爸张开大嘴准备咬下，小女孩突然拿回，放进自己嘴里咬下一口，爸爸在一旁看着羡慕。			逗趣的音乐	3秒
15	特写	奥利奥双心脆威化三款产品在画面中间依次排开。	小女孩："只有奥利奥！"	还有更多口味，只有奥利奥		2秒

（三）故事板

1. 故事板概念

故事板指的是对分镜头脚本的"图像化"，按分镜头脚本的节奏将之视觉化。关于故事板的制作，一般都有专门的故事板用纸。故事板一般分为如下几栏：画面栏，在这些栏中要绘制出具体的形象；内容栏，在这栏中要对每个镜头进行文字的描写；拍摄栏，在这栏中要写出每一个镜头的拍摄方法；声音栏，在这栏中要写出与画面同步的声音的处理方式；时间栏，要标明每个镜头大概所需要耗费的时间等。

2. 故事板类型

传统的故事板存在一定的局限性，有时候它并不能很好地将我们所想要表现的动态视觉效果呈现出来，因此就出现了不同种类的故事板，以此来弥补传统故事板的不足。故事板分为以下两种类型：

（1）动画故事板

动画故事板指的是将要拍摄的影视广告片用动画的方式描述出来，该脚本的主要镜头画面都是先经过手绘或者照相，然后再按分镜头脚本的顺序进行剪辑，并且配上旁白、音效等。

动画故事板与传统故事板相比而言，画面具有动态的视觉效果，是向客户提案、做广告预算、开准备会议等方面非常实用的工具。动画故事板时长刚好为30秒、直观表现了广告的效果，还包含了丰富的信息，这是传统手绘故事板无法做到的。

（2）样片故事板

样片故事板指的是将其他广告片中的场景剪辑为创作者所想要阐述创意点的故事板，这样的方式能更好地呈现创作者想要表现的影视广告节奏和拍摄的流程。这种类型的故事板相对于其他类型故事板的制作，相对简单也较为快速。但是这种类型的故事板并不能作为正式可以播放的影视广告，并且它是借助其他制作完的广告片的场景，这是预算内不能控制的。因此，在完成样片故事板的制作后，需要向客户表明样片与成片所存在的差异。当然，这种类型的故事板有助于我们更好地描绘出影视广告中所需要的剪辑形态。这种类型的故事板与动画故事板一样都需要配上旁白和音效等问题。

3. 故事板的内容

影视广告故事板内容包括如下几个方面：

（1）客户名称、产品名称

在故事板中要标明客户名称和所做广告的产品名称，以便于识别。

（2）整片的长度，每个镜头的长度

故事板是影视广告脚本的视觉化，需要在故事板中标明每个镜头所用时长，以及整个片子的长度，以保证整个片子的时长不会超过预计时长。

（3）镜头画面及画面内容文字描述

故事板要起到形象的说明作用，故需要在故事板中放入镜头画面以及画面内容的文字描述。

（4）对应声音文字的描述

影视广告是声画结合的艺术，影视广告故事板在创作过程中需要做好声音文字的描述部分，使故事板更加形象、更加生动。

（5）每个镜头的拍摄方式与镜头间的组接方式

镜头是影视广告的一个重要元素，在影视广告中，镜头元素的呈现方式切实影响着影视广告的表现力与影响力。在故事板中，镜头的组接与镜头的拍摄方式也是不可或缺的重要组成部分。

4. 故事板与分镜头脚本的异同

故事板和分镜头脚本都涉及对镜头画面及画面内容的文字描述和声音描述。但是故事板和分镜头脚本存在着诸多不同（表3-1-2）。

表3-1-2　故事板和分镜头脚本的区别

故事板	分镜头脚本
故事名称，产品名称	必须写景别

故事板	分镜头脚本
整条片子长度	每个镜头的运动方式
写不写景别均可	镜头与镜头组接方式
画面可以手绘，也可以用素材照片，正式提案前用，故事板前附加创意说明	画面必须手绘

5.影视广告故事板制作要求

第一，影视广告故事板画面规格要按电视屏幕长度与高度的比例绘制。故事板作为一种创意效果图，为了使视觉上有更加直观的感受，故事板的画面应遵循电视屏幕的画面比例，4：3是较为常见的画面比例。

第二，广告内容加以具体化形象化，突出产品定位。故事板的表现要更加接近影视广告本身所呈现的效果，在故事板制作过程中需要将广告脚本中的广告内容、广告脚本中所描述的诉求主题、广告定位更加具体地表现出来，从而将广告信息生动直观地传达给广告受众。

第三，要有好开头与好结尾，抓住观众注意力。故事版画好开头和结尾是由首因和尾因效应决定的。在心理学上首因和尾因效应对广告效果的呈现有重要的影响。在一条信息中，人们更加容易记住信息开头和结尾所传达的内容，所以故事板需要画好开头结尾。但是这并不意味着中间内容就可以忽视了，中间内容对表达广告的核心价值有重要的影响，所以在故事板创作中也要注意抓住广告的核心。

第二节　影视广告文案的创作

一、影视广告文案写作目的

（一）说明、表现广告创意

我们知道，创意是广告的灵魂，一件广告作品是否新颖生动，是否具有极强的震撼力，必须有一个好的创意。但是有了创意并不等于就有了优秀的广告作品。要想把创意变成一件能够诉诸消费者的真正的广告作品，则必须通过语言、文字将创意表现出来，对创意进行综合整理。所以广告文案写作的一个重要目的就是把广告创意变成语言、文字的表现形式，使得广告主在看过这一创意文稿后能够认可，并作出选用的决定。这就要求我们任何一个广告文案撰稿人在进行广告文案写作时，一定要从这样一个目的出发，并且认真地动笔写作。

（二）表现诉求的商品品牌信息

企业对其广告中商品品牌信息的提供和所希望发布出去的品牌信息是多样繁杂的，他们生怕自己商品的好处、特点说不清楚，生怕别人不知道、生怕白花了广告费，因而广告主通常都会事先提供一大堆各种各样的信息，并且一再嘱咐设计师一定给他设法全部传递出去。假如真的依照广告主的意思去做，那么一则广告文案写下来后，只能是什么都说了，但什么都没说清楚，消费者听后、看后什么都弄不懂。这样不仅达不到广告诉求之目的，反而还会使该品牌未等投入市场时就已先在消费者心中建立起一个不良的品牌印象，导致整个广告宣传活动的失败。

因此，虽然在经过广告人策划、创意之后已经删除了相当一部分与主题表现关系不十分密切的信息，但是当广告人开始撰写广告文案时，仍然会有一些与主题诉求联系紧密、品牌诉求信息较为集中的内容在写作时觉得多余。这些内容虽然对品牌宣传有一定的诉求作用，但为了突出广告主题，为了更集中到位地表现核心创意则必须删除。这时，广告人就要根据整个广告策划战略、广告定位和广告创意的表现要求对这些广告信息内容再做一次分析整理，选用其中最能表达品牌诉求、最具代表性的信息写进文案里，以使广告作品能够最大限度地触及消费者的内心，引起他们的兴趣与购买欲望。

（三）选用适合的写作方式与风格

一则广告尽管在对其进行文案写作前，广告策划与创意就已经定下了该品牌的诉求风格，但是选用什么样的方式，比如是采用散文式、诗歌式，是选择故事型还是说明型，以及采用何种表现风格，是单刀直入，还是含蓄传情；是一语道破，还是故设悬念；是运用情感诉求方式，还是采用理性诉求方式，包括文案中的字、词、音韵、语言特色等等，都需要在文案写作过程中给予反复推敲，仔细斟酌，直到最后写出合适的文案为止。

二、影视广告文案创作原则

（一）内容上要真实可信

广告文案不同于文学创作，为了对消费者负责，必须自觉遵守广告人应有的职业道德和相关广告法规。在广告文案的内容表现上必须真实可信，切忌任何不真实的夸大之词。因此在文案写作时必须杜绝任何虚假、违法广告内容。广告主绝不能只为追求短期经济效益而指使广告人为其制作虚假广告、违法广告，诱骗消费者上当。此外，对于市场的占领和消费者信任的赢得并不是依靠虚假、夸大的广告内容，而是靠企业形象、品牌质量与消费者的认同和喜爱，这些都需要企业在各方面付出艰苦的努力，只有经历了艰辛的"面壁十年图破壁"① 后，方才会有"天下谁人不识君"② 的一天。因此，获得消费者的信任是一个艰难的过程，但失去消费者的信任却极为容易，而一旦真的失去了消费者的

---

① 西坡.汉书下酒 [M].上海：文汇出版社，2017.

② 高适.天下谁人不识君——高适诗选 [M].呼和浩特：远方出版社，2005.

信赖，很难让他们再次认可商家的产品，这样的失去则只能是永远失去。

著名广告大师奥格威曾对广告公司的真实性原则发表过许多诚恳的看法，这些看法作为经典语言被不少广告书引用过，在这里为了对广告文案撰写者提个醒，再次把奥格威的这些至理名言抄录在下面：

"广告必须提供事实……切忌夸大和不实之词"。"绝对不要制作不愿意让自己的太太和儿子看的广告"。"诸位大概不会有欺骗自己家人的念头，当然也不能欺骗我的家人，己所不欲，勿施于人"。①

（二）创作手法要独创多样

在商品经济日益发达繁荣、信息传播手段日新月异的当代社会里，不仅同类产品的同质化倾向越来越严重，许多不同类型产品也有了越来越多的相似点，产品之间的明显差异已经很难找到。这样，广告的诉求点如果仍旧从产品特点的介绍、宣传上着手，则很难使该产品抓住消费者的注意力，取得市场占有份额。同时，在当代社会里，"广告是产品销售的开路先锋"这一理念早已成为所有企业主的共识。因而在这样一个商品经济的运作方式面前，那些表现平平、创意乏味、文案冗繁的广告根本不可能引起消费者的兴趣，当然更不会让企业主痛快地为广告人掏出广告费来。所以独创性也就自然成为广告文案撰稿人在进行广告文案写作时所要遵循的又一重要原则。

在撰写文案之前，广告文案撰写人员一定要依据创意表现与品牌特点，以及同类产品中的某一点不同个性与共性，寻找出该品牌的独特之点，并将该独特之点的信息充分鲜明地传达出去，以求最大程度地引起消费者对该品牌的注意。

广告文案要想引起消费者最大程度的有意注意，把品牌所具特点的信息传达出去，有必要讲求写作手法上的多样性。具体来讲，结构、修辞、语言的巧用妙用是要练就的内功。

---

① 程宇宁. 广告文案创意 引起受众对品牌认知的表现艺术 [M]. 长沙：中南工业大学出版社，1998.

（三）善于用艺术化语言

一则好的影视广告文案应该用艺术化的语言和表现手法来传达广告诉求主题和创意，使消费者在接受商品信息的同时更能获得审美享受，用美感来打动他们的购物心理。善于运用艺术化的语言和艺术化的表现手法撰写广告文案，更可增强广告文稿的艺术感染力，提高文案撰写人员的写作水平。

除此之外，在影视广告文案写作时还要遵循其社会效益和经济效益原则、简洁明了的原则等。

三、影视广告文案写作

（一）影视广告文案写作要素

影视广告文案的写作要素，主要是由"视""听"的影视艺术基本特征决定的。影视传播又是以视觉感受为主，这使得观众在看电影或者看电视的时候，以"看"为主，以"听"为辅。所以在进行广告文案创作的时候应注意以下因素：

1. 把握好影视广告的基本特征

影视广告的文案是为广告片中的画面服务的，所以在进行文案写作的时候，要注意画面与文案的配合，通过文案更直接地表达影视广告的思想。

2. 了解观众心理

影视广告文案的写作不能只一味地抒发创作人员的思绪，而应该首先考虑到目标受众和目标消费者的感受。

3. 符合逻辑

影视广告文案通常短小简洁，但也应把广告内容说清楚，在创作中有一定的难度。所以可以省略掉一些过渡性的句子，但要符合逻辑，避免经不起推敲等。

（二）影视广告文案写作技巧

1. 设想将要出现的画面

在撰写影视广告文案时，要尽量设想出拍摄后的画面情景，这个画面是连贯的，不是静止的。有了这些画面作为参考，有利于写出符合影视广告所想表达的文案。

2. 设想文案的表达方式

将创作文案的内容与影片的表达方式结合起来，从而选取一个最有效的方面去进行表现，对于不同的表达方式，就会有不同的写法。

3. 不必要求字面上的连贯

影视广告的文案是与画面相结合的，文字是与画面的连贯，而不是单独看字面上的连贯。文案在字面上可以跳跃或者省略，这样会显得自然。

（三）影视广告文案写作形式

影视作为视、听两用媒介，具有视觉和听觉的双重特性，它运用语言、文字、声音、图像等多种方式来完成信息的传递。因此，相对于一般平面广告的视觉传递和广播广告的声音传递，影视广告文案的表现更具多样性，由此也存在多种写作形式。

1. 对话式

对话式是影视广告中最常用的文案形式之一，即采用对话的形式来表现广告内容。对话形式的文案一般比较贴近生活，内容简单易懂。影视广告采用这种方式进行文案写作会使广告更具有场景感和画面感，营造出一种生动活泼的氛围，文案中有关品牌的特性在对话中自然流露，有助于加深观众对品牌的印象。

案例：五粮液黄金酒的广告文案

"哟，五粮液集团黄金酒！"

"我女儿送我的。"

"好酒要品。闻其香，入口柔，一线喉！"

"五种粮食，六味补品，好喝又大补，要喝让你儿子买去！"

这则广告文案以两位老年人的日常生活为背景，采取两位父亲对话的形式不仅直接道出了品牌名称，还在对话中把黄金酒的口感和产品成分也展露了出来，直接而又不失趣味性。

2. 叙述式

叙述式广告文案指的是在广告中采用旁白或者人物自述的形式，来叙述出品牌情况、产品特性或者是产品风格。叙述式广告文案又分为旁白型和自述型两种。旁白型的广告文案更加理性，特点是冷静、客观，在文案中会简要涉及产品或者品牌方面的一些相关信息，如产品产地、成分等信息，用比较理性直观的方式向消费者展示品牌或者产品的优点。自述型的广告文案则偏感性，站在"我"的角度来讲述广告，情感更加丰富，注重以情动人。

（1）旁白型

如养生堂 2015 年的影视广告文案："巴西，彼得罗利纳，地处南纬九度，赤道从它上方穿过。这里是世界上少有的针叶樱桃产区。2008 年，养生堂在彼得罗利纳建立基地，将针叶樱桃作为养生堂天然维生素 C 的原料。针叶樱桃具备'补偿性生长'的能力，紫外线越强，它就会产生越多的维生素 C，1 颗相当于 190 颗普通樱桃的维 C 总量。因此，当地人会食用大量的针叶樱桃来预防感冒，他们把针叶樱桃视为红色珍宝。养生堂天然维生素 C，只用百分百的针叶樱桃。"

这则广告文案直接采用旁白叙述的方式表现出产品的诉求——健康，从产品产地、运用原料直接告诉消费者产品的益处所在。对于保健品来说，广告文案理性的陈述方式更容易让消费者信服。

旁白型的影视广告文案还适合运用在房地产和汽车等比较高端的产品中，此类产品消费较高，因此需要更多理性地阐述来展现产品优点。

（2）自述型

自述型的文案在影视广告中也很常见，即通过广告代言人或者广告中出现的人物自我讲述的方式来展现产品或者品牌风格。如农夫山泉 2016 年推出的一系列讲述取水人与农夫山泉故事的广告文案就是采用人物自述的方式，其中一则《一百二十里——肖帅的一天》很具代表性："我叫肖帅，今年二十六岁，

2013 年大学毕业后，就来到了咱们农夫山泉的武陵山工厂工作，我主要负责的是水质监测工作。武陵山，山路比较高，山路不断地有蜿蜒盘旋，单程大概有三十五到四十公里这个样子。取水看似一件很表面的工作，能不能真实地反映出我们这个地方的水质，瓶子做得再漂亮，盖子做得再漂亮，标签再漂亮，如果水质不行，那就没有存在的价值，水就是我们的生命之源，我的工作就是确保水的安全，给消费者一个放心。"

这则广告文案不仅向观众展现了农夫山泉的水质监测过程，更传递出了农夫山泉注重消费者的品牌理念，从农夫山泉员工的角度来阐述整个广告，感性色彩浓厚，很容易打动消费者。

3. 个性式

个性式广告文案指的是使用比较年轻化和个性化的词语或者句子，甚至是网络用语来创作广告文案。这种形式的广告文案多是定位于年轻消费群体的产品或者品牌，运用年轻人比较喜欢的说话方式或者生活形式来引起他们的共鸣，以此来突出品牌个性。现在，很多品牌都倾向于使用个性化的广告文案，尤其是主攻年轻消费市场的手机、电商和啤酒等品牌，如小米、淘宝都经常使用个性式的影视广告文案。

如百威 2016 年的贺岁片广告（加广告片）就是这种个性式的广告文案：

"在这个庆祝的季节，我们举杯，不为天上的烟花而是心里的火花，敬那些充满抱负的、疯狂的、勇于表达的、每一位真实的你，忠于自己最值得庆祝。百威，敬真我！"

广告文案里表现的是当下年轻人对自我和真我的追求，也突出了百威个性化的品牌观念。

再如 2013 年陈欧一则"我为自己代言"的广告片：

"你只闻到我的香水，却没看到我的汗水；你有你的规则，我有我的选择；你否定我的现在，我决定我的未来；你嘲笑我一无所有不配去爱，我可怜你总是等待；你可以轻视我们的年轻，我们会证明这是谁的时代。梦想，是注定孤独的旅行，路上少不了质疑和嘲笑，但，那又怎样？哪怕遍体鳞伤，也要活得漂亮。我是陈欧，我为自己代言。"

这段广告文案因为个性突出，一度在网络上引起热议和模仿，火爆的"陈欧体"以其新颖灵活的语言风格成为潮流的风向标，而聚美优品所要传达的品牌观念自然随着广为流传的"陈欧体"深入广大受众内心。

4.故事式

故事式是通过讲述一个或一系列与品牌或者产品相关的故事来传递广告信息的文案形式。故事式的广告文案通常有故事情节，创意性也比较强，要求文案轻松风趣且有戏剧性，多以对话的形式表现。这种形式的广告文案因故事性和趣味性较强，很容易吸引受众的眼球，得到观众的喜爱。

如士力架的影视广告文案就经常采用故事式的形式来展现。下面是士力架以"横扫饥饿，做回自己"为主题的系列广告：

（1）华妃篇

足球休息室里，队员都在紧张准备，华妃躺在一边的椅子上。

华妃："谁来给本宫捶捶腿。"

队员："臣妾做不到。"

华妃："接球不行，接话不错。"

队员："饿货，赐你条士力架，一饿就矫情。"

华妃变回为队员："嗯，来劲了！"

（2）唐僧篇

划船比赛上，队员都在很费力地划桨，唐僧坐在船头敲木鱼。

队员："使劲啊，你敲什么呢？"

唐僧："这叫木鱼，悟空，休得无礼！"

队员："无礼，这是无力啊，就没见过比你弱的！"

唐僧："only you（只有你）。"

队员："饿货！快来条士力架吧！一饿就手软！"

唐僧变回为队员："嗯，走你！"

这两则广告文案都是利用电视剧里经典的人物形象和性格特点，重新将人物融入现代化的新故事中，文案故事生动有趣，引人入胜，形象地传达了品牌的诉求点。

5. 歌曲式

歌曲式广告文案即以歌词的形式进行广告信息的表现，在影视广告中将文案唱出来。这种形式的广告文案借助音乐的旋律以歌曲的形式传递给受众，感染力强，有助于受众的记忆和传唱，具有较好的广告传播效果，因此歌曲式广告文案在影视广告中也比较常用。同时，因为音乐可以被大多数人共同喜爱和理解，所以歌曲式广告文案的使用也并没有固定的范围，只要符合品牌和产品的形象，在影视广告中就可以选择这种表现形式，如"脑白金"广告。

（四）影视广告文案写作要求

1. 明确广告定位与主题

影视广告文案写作，首先必须分析与研究相关资料，明确广告出发点与定位，确定广告主题。什么叫作广告定位？不论该影视广告是否自觉地去树立和突出某种形象，消费者对他们所认识的企业或产品总有一个综合评价，一旦将广告定位建立起来，就会使消费者在需要解决某一特定消费问题时，首先会考虑某一品牌的产品。以产品形象和品牌形象作为广告主题，是影视广告文案写作的首要出发点。明确受众一个购买理由或所谓的"卖点"，可以更好地在受众心中占据一个有利的地位。

案例：全兴大曲广告

画面：一支玻璃酒杯中浸入透明白酒，一座沙漏表示时光缓缓流逝，同时对全兴大曲的包装进行细致的特写，背后则是一幅传统劳作的古画，以及幽幽古窖，百年珍藏。

文案：光影杯中流动，岁月汇聚成金。六百年工艺，十二载窖藏。老字号年份酒。

广告口号：品全兴，万事兴。

2. 构思广告形象，确定表现形式和技巧

确定广告定位与主题后，才能构思出广告形象，以及其新颖、独特、具有创造性的表现形式和技巧。现代影视广告在文案写作中开始运用越来越多的表现手法，例如比喻含蓄表现、夸张烘托表现、故事情节表现以及情感散发、幽默诙谐等。

案例：乌镇旅游广告（刘若英篇）

文案：离开纷乱的都市我来到这里，停下脚步。宁静可以让伤感隔离，时间真的不曾改变什么，放开手送走烦恼。光影里的小桥流水人家，满载的是生活里饱满的笑容，时间改变了许多事物，却不曾改变这里。那个笑得像花一样的孩子，一个轻快跳舞的女子，还有我的赤子之心，生活在梦里的乌镇。

广告口号：中国最后的枕水人家。

3. 充分运用蒙太奇思维

蒙太奇能按照观众的心理习惯，引导观众的注意力，有效表达寓意，创造一种让观众沉浸其中的意境。

案例：阿迪达斯以姐妹之名，全倾全力篇

画面：一轮红日缓缓落下，时钟指向了下班时间，女孩们分别站在阳台上呼吸新鲜空气、站在马路上等待绿灯、在练舞房拉腿准备，是时候与姐妹相约来一场运动了。

广告口号：以姐妹之名，全倾全力 all in for my girls。

4. 考虑时间规划

时长在影视广告中，即可指一幅广告播出的时间长短，如10秒、15秒、30秒、45秒、1分钟等，也可指一个镜头的时间长短。所以在撰写影视广告文案时，必须要严格把握并控制时间，每一个镜头的时间长短也要进行严格规划。同时，对于广告文字的简约性要求也要达到极致，既要高度概括，又要具体形象，更要有所说明。

5. 撰写广告解说词

影视广告解说词是影视广告文案写作的重要构成要素，包括人物对白、人物独白、画外音、歌词和字幕等。

6. 匹配对应画面与音效

影视广告以视觉形象占主导地位，并通过视听结合来传播信息内容，因此，影视广告文案的写作必须做到声音与画面的和谐，即形成创意匹配对应的声画表现。

第四章　影视广告创意

　　影视广告创意是指创作影视广告时产生的灵感和意念。有人把创意比作影视广告的火种，它由经验丰富的创作人员点燃，能使电视广告从平凡中升华，脱颖而出，与众不同。本章对影视广告创意进行了介绍，主要从三个方面进行阐述，分别是影视广告创意技巧、影视广告创意的特点以及影视广告创意的格式。

第一节　影视广告创意技巧

一、影视广告创意的含义

　　当今社会，影视广告已经充斥在我们生活的周围，每天人们都会通过不同的媒介收到大量的广告信息。据统计，电视台每天播出的广告中，一般居民每人最多只收看 3％的广告，看后能留下点印象的只占 1％，能在 24 小时内被记住的仅占 0.05％[1]。同样是影视广告，看后留给人们的印象却不一样，有的看后会给人留下深刻的印象，记住了产品的同时，还给人们带来了视听上的艺术享受，有的却看过就忘，平淡无奇，有的甚至会引起人们的反感。为什么会出现如此大的差别呢？除了制作水平的原因，这主要是由影视广告创意水平的高低导致的。

　　随着我国经济持续高速的增长，市场竞争日益加剧，"商战"已经进入"智

---

① 刘刚田，曹慧敏 . 图形艺术设计方法 [M]. 上海：上海交通大学出版社，2012.

战"阶段，广告业已经进入创意的竞争阶段，"创意"一词成为我国广告界最流行的常用词。广告创意是介于广告策划和广告表现制作之间的艺术构思活动，是根据广告主题，经过精心的思考和策划，运用艺术手段，把所掌握的材料进行创造性的组合，以塑造一个意象的过程。

在今天的广告界，创意正成为最重要的课题。广告公司的竞争，使创意愈加成为左右产业界生存和发展的重要因素。特别是在广告公司中，创意的作用越来越受到重视。

（一）著名广告人对创意的阐述

著名的美国广告大师大卫·奥格威说："要吸引消费者的注意力，同时让他们来购买你的产品，非要有很好的特点不可，除非你的广告有很好的点子，不然它就会像很快被黑夜吞没的船只……"[①] 创意就是用极为简洁生动的语言（电视画面和文字），将人们熟悉的基本材料以新的方式进行新的组合，构成特定意境，使消费者置身其中，对广告主题产生认同与共鸣，从而留下较深的印象。

美国广告界权威詹姆斯·韦伯·扬则认为："广告创意是一种组合商品，消费者，以及人性的种种事项。"他解释："真正的广告创作，眼光应放在人性方面，从商品、消费者以及人性的组合去发展思路。"[②]

美国著名广告大师威廉·伯恩巴克也说："我们没有时间，也没有金钱允许大量以及不断重复的广告内容。我们呼唤我们的战友——创意，要使观众在一瞬间发生惊叹，立即明白商品的优点，而且永不忘记，这就是创意的真正效果。"[③]

世界著名广告人李奥贝纳说："创意给人生命和生趣。"[④]

---

① 霍雪飞.新媒体时代广告创意的流程探索 [J].传播力研究，2019，3（14）：170.

② 常桦.广告调查与设计 [M].北京：中国纺织出版社，2005.

③ 余明阳，陈先红.广告学 [M].合肥：安徽人民出版社，1997.

④ 刘悦坦.20世纪世界广告流派 [M].济南：山东文艺出版社，2005.

（二）影视广告创意界定

创意，英文为 creative，原意为"创造性的、有创造能力的"，引申为"创意"。如 creative strategy 被译为"创意策略"，有时也译为"idea"，中文译为"主意""想法"[①]。

广告创意是对如何表现广告主题的构思。主要是通过构思，创造出新的意念，根据市场、商品、消费者等方面的情况和广告传播目标的要求，以塑造产品和企业的印象或形象为主要特征，确定广告的表现方针。当然，很多广告学者也对广告创意进行界定。如黄升民、丁俊杰在《现代广告战略》一书中指出，广告创意是指广告工作者在孕育广告文案时的构思，根据广告主的意愿和广告文稿的主旨，在进行一系列市场调查，消费者心理研究等工作之后，经过一番的思考和策划，最后塑造成一个商品和劳务的形象或意念的全过程[②]。

影视广告创意是根据目标商品或服务、诉求对象，以及市场特征等诸多因素，依靠影视媒介来传播产品的营销理念，实现其营销目标的艺术构思。影视广告创意是一个影视广告的核心性要素，没有好的创意，影视广告注定要失败。

广告创意是在广告主题确定以后，提出的关于广告表现形式的艺术构想，创造出一种说服观众购买的意境，是在基于市场调查基础上，确定产品目标市场、目标消费者、目标媒介等因素，用一种新颖的、与众不同的或是有趣的方式来传达商品的营销理念，从而打动消费者进行购买的策划过程。影视广告创意最终体现在影视广告文案中。

创意是影视广告成败的关键，是影视广告的思想内涵与灵魂，是具有感染力与说服力的要素，是向消费者诉求的主要动力，是改变消费者思想动机的力量。它能抓住消费者的注意力，使之产生兴趣，改变对某个品牌的看法，增加产品的价值，最后说服消费者去购买广告所推销的产品或接受服务。影视广告片的重点在于创意，一个没有创意的广告片就不会引起顾客的共鸣和注意，广告效果会大打折扣。

[①] 霍恩比. 牛津高阶英汉双解词典第 4 版增补本 [M]. 李北达，译. 北京：商务印书馆，1997.
[②] 黄升民，丁俊杰. 现代广告战略 [M]. 北京：知识出版社，1994.

二、影视广告创意的原则

（一）真实原则

我国《广告法》中规定："广告不得含有虚假的内容，不得欺骗和误导消费者。"[①]由此可见，广告创意的真实性原则是在《广告法》中居于核心性原则的地位，广告只有做到真实才能够获得信任。广告只有内容真实，才具有生命力和感染力，才能真正赢得消费者。真实性是广告所要遵守的道德原则，必须符合以下要求：广告宣传的内容要真实，即信息真实。广告宣传的商品或服务应当与实际销售的商品或提供的服务相一致，也就是必须实事求是。另外，广告中对商品的性能、产地、用途、质量、价格、生产者、有效期限、允诺或者对服务的内容、形式，质量、价格、允诺表示的，应当表达得清楚明白；广告中表明推销商品、提供服务附带赠送礼品的，应当标明赠送礼品的品种和数量。广告中所使用的数据、统计资料、调查结果、文摘、引用语，应当真实准确，并标明出处。

（二）关联原则

关联性是指广告创意的主题必须与产品、服务及消费者密切相关。广告人应该从这种关联性去发掘创意。但仅仅具有关联性就想要引领消费者去理解一则广告创意是不够的。关联的方式有很多种，有一目了然的密切联系，也有需要经过反复推敲才能发现的一丝一缕的联系，还有超出消费者想象能力的虚拟关联。

（三）原创原则

影视广告要保持原创性，任何抄袭模仿的广告都会引起观众的反感。现在消费者面对的是海量信息，他们不可能去接受所有信息，所以会有选择性地接触。一个广告没有创意，消费者就很可能会忽略掉。要引起消费者注意，广告就必须重视创意。从广告对消费者产生的作用来分析，一个广告要产生作用，

---

① 金桥. 监管风云实录：浙江工商现象透视 [M]. 北京：中央文献出版社，2006.

首先应该引起消费者注意，否则便可以说是一个失败的广告。因为没有人注意，便谈不上广告信息传递给消费者。既要从消费者角度去看，同时又从受众的心理来分析，受众对于新奇的、古怪的事物往往会产生本能的兴趣，并且会不由自主地把注意力集中到这个事物上。所以影视广告的前5秒很关键，要综合一切视觉听觉元素来吸引受众的注意力，调动他们的积极性。原创性是吸引消费者注意成功的关键。

如麦当劳的一则广告就具有很强的原创性。一个躺在摇篮中的宝宝，每当摇篮荡起来的时候他就笑，但当荡下去的时候就哭，一下子就吸引了受众。为什么会这样呢？原来当摇篮荡到高处的时候他看到了窗外的麦当劳标识，然后又会因为看不到而哭。

（四）实用原则

好的创意就是实用，任何影视广告创意都是为了帮助企业更好地销售产品，因此创意要可行，要实用。了解了该知道的讯息以后，再开启智慧思想。一定要有耐心地去探求消费者、市场情况、产品的详细说明，以及制定接下来的广告策略，帮助企业扩大品牌影响力。

（五）易记原则

每条好的广告片都会有自己的记忆点，不管什么样的广告，让消费者产生良好的记忆才是发生购买行为的基本条件。影视广告通过创意最终都是为了让消费者记住产品，实现销售的目的。

（六）简洁原则

一般来说，影视广告由于播出时间很短，受众很难在短时间记住影视广告所传播的全部信息。为了让受众能记住信息，必须把影视广告重点要表现的内容展示出来，不可以面面俱到，因此要做到简洁。多半情况下，消费者是被动地接受广告讯息的，刻意将创意做得很烦琐、很有深度，忙于建构复杂的逻辑，套用结构式的文字，拼凑模棱两可的画面，往往会让消费者看过之后没有马上明白广告意图，甚至产生厌恶心理，不想费心思去分析广告中表达的主题，这样做，往往达不到宣传产品的目的，事倍功半。

（七）易于表现的原则

影视广告的创意要易于表现，由于创意这一思维活动最终还要通过具体的技法表现出来，这涉及到是否易于拍摄，有没有相应技术能够制作出来，如果不理会制作成本，只讲求创意快感，等跟客户提钱时就会感到无奈。

（八）3B 原则

著名的广告学者大卫·奥格威从创意入手，提出了广告三原则，即 beauty——美人、beast——动物、baby——婴儿，通称"3B"[①]。3B 原则在广告中被广泛运用。3B 是广告表现的三要素，是向视听者内心倾诉的重要手段。襁褓中的婴儿，美貌如花的美女，可爱怡人的动物，最能吸引人们的眼球。如果能用 3B 作为广告的表现主题，必能达到最大的 AIDMA 效果。以此为表现手段的广告符合人类关注自身生命的天性，更容易赢得消费者的注意和喜欢。

三、影视广告创意的技法

影视广告创意是创造性地提出问题、分析问题、解决问题的心理思维过程，其最终目的是要创造出有新意的作品。将影视广告创意概念进行符合特定媒体语言的再创造，完成特定的信息编排与传达效果的创意执行过程，称为影视广告表现。在具体运用上，影视广告创意表现的技法有很多种类型，常见的主要有以下几种：

（一）联想创意

联想创意法是一种运用联想的心理机制产生创意的方法，所谓联想，就是由一个事物想起另一个事物的心理现象，就是使不同事物在概念上相接近，并

---

① 孙惟微 . 瘾营销 [M]. 广州：广东人民出版社，2019.

从中引导出正确方案的思维能力。在具体运用上，联想创意法可分为：接近联想、相似联想、对比联想、自由联想、控制联想五种。

1. 接近联想

这种联想是对在空间或时间上接近事物的联想。在创意中，首先对与创意对象在时空上相接近的事物进行联想，引发灵感。日本明治糖果公司为了推销其蛋糕，曾开发出一种别开生面的广告，就是该公司在每天早晨配送鲜牛奶，在奶瓶上挂一张漂亮的小卡片，卡片正面印有精美的蛋糕照片，背面则是蛋糕的订单，顾客如需要则在后面填好，该公司第二天早上回收空奶瓶时一并收回。这种广告方法使其轻而易举地争取了六百多万盒的蛋糕订单。功劳应归"接近联想"，正是由公司两项相近的业务所产生的联想，将送收奶瓶、送收蛋糕订单两者结合起来，而实现了这一广告的成功。

2. 相似联想

相似联想又称类似联想，是对相似事物的联想。"为了使地毯没洞，也为了使你的肺部没有洞——请不要吸烟"。在此，地毯和肺本无关联，但吸烟所产生的后果中"洞"这一相似性因素成了联想的纽带。联结起地毯洞和肺洞两个形象，用可见的地毯洞衬托看不见的肺部的洞，使肺部洞的形象更加鲜明，吸烟的可怕后果跃然眼前。

3. 对比联想

对比联想是指对性质、特点相对或相反的事物的联想。在广告创意中通常表现为比较型广告，通过直接或隐含的方式，揭示竞争品牌的短处，展示自身的长处。1984 年，汉堡包王在广告中嘲笑自己的竞争对手的汉堡包在味道、个头和制作上都不如自己。万迪快餐连锁店认为该广告有不实之词，必须维护自身权益，因而奋起反击。在名为"松软的小圆面包"的 30 秒电视片中，3 位老妇人在快餐店里议论桌上的小圆面包，语气诙谐有趣。当两位老妇人都说小圆面包大而松软时，第三位接二连三地追问"牛肉在哪里？"，表情大惑不解。当特写展示万迪夹有厚厚的牛肉的大汉堡时，解说影射了他们的竞争对手给顾客的牛肉太少。饰演第三位老妇人的克拉拉·佩勒表演相当成功，"牛肉在哪里？"很快成了美国人的口头禅。

4. 自由联想

自由联想是指在创意过程中不受任何限制的联想。这种联想创意法，常常会产生出许多出奇的设想，收到意想不到的创意效果。美国著名的广告设计师玛丽·威尔斯曾为一家生产加长香烟的公司设计过一则运用自由联想的"多余说明"的广告范例："因为香烟加长 1.5 公分（厘米），可能会发生很多趣事，例如被夹在电梯门缝里，或者烧破您眼前的报纸，甚至将谈话对象的胡子烧焦……香烟加长至 1.5 公分（厘米）还会发生一些什么样的事情呢？请您一起来想一想答案。"

5. 控制联想

控制联想与自由联想相对，它是对事物有限制的联想。控制联想在广告创意中常常表现为以创意主旨引导和控制人们对于广告作品意义的联想。如，美国的桑伦香烟推销者曾设计了一个广告节目，这个节目以吸引人的音乐节律播送"你能从家乡带走桑伦，你不能带走桑伦的家乡"。这样的节律重复播送多次之后，广告节目在第一句之后，突然停止了，听众在此控制引导下，产生联想，均会有声或无声地自己来完成这个节律："你不能带走桑伦的家乡。"

（二）逆向创意

逆向思维就是运用和常规相反的思路，针对目标，"倒过来"思考问题，寻求解决问题办法的一种创意技法。在进行广告创意时，通常是从正面着手，表达产品的好处和所具有的实惠，假若能转换角度，使用一种反常规、反传统的思考方法，就有可能构想出一个意想不到的好创意。

在进行逆向思维时，需要一定的胆略和技巧。首先，产品本身的质量要好；其次，表现手法要巧妙，具体的运用手法有两种：一是大胆暴露自己产品某些方面存在的缺点，给人以坦率、真诚的形象；二是正话反说，有意说自己的产品有缺点或副作用，但所说的缺点或副作用实际上是优点。如戴比尔斯钻石广告，虽然是说钻石"惹祸"，实际是宣扬钻石的品质和魅力。

（三）扩散创意

扩散思维又称发散思维、辐射思维、开放思维，是围绕广告主题，以宣传内容为出发点，不受任何限制，进行广泛的联想。发散性思考法的具体运用表现为以下几种创意技法：

1. 类比创意法

所谓类比创意法，就是根据一定的标准，把与创意对象有联系的几个相关事物加以对照分析，从而寻找其内在联系的思维方法。

"巧克力"与"丝绸"之间看来没有什么联系，但在"德芙巧克力"的广告中却产生了绝妙的联结。电视画面上，女模特儿一边品尝"德芙巧克力"一边回味道："有很多牛奶，滑得像丝一样。"因而，"德芙巧克力"便有了"纵享丝滑"的口号。人的感觉通道常常会发生串通，即所谓的通感，把一些表面无关的事情加以联通，形成新的意念、新的意象，形成间接类比。因而，有了法国 WORTH 香水的"享初恋的滋味"，沃根糖果的"你拥有月光般的韵味"。

2. 置换创意法

置换创意法又称等值变换法，就是在现有对象的基础上进行分解、组合，将其变换，寻找出现有对象与未来事物之间相关的等值对应关系，找出新的共同点、创造出新的意象。此法的核心是将现在的创意对象在新的条件下重新变换结构以求创意。

如"穿上'安静小狗'便鞋，人行道会变得柔软"，不说鞋本身的柔软属性，而置换成人行道柔软。

（四）单一性创意

广告创意的单一性指一则广告只说一个商品，且只说一个商品某一方面的优点，还必须用尽可能简练的语言叙述。就是从有关商品的全部属性中提炼出消费者最关注的那一部分，并使之成为单一、集中的信息，把它传达给消费者。

如果在一则广告里把商品的相关信息全盘托出、面面俱到，结果就没有个性，留不下印象，形不成记忆。在广告表现形式上，也要避免烦琐，去除不重要的属性，突出最能体现创意精华的部分，使之成为注意中心。如农夫果园三道关的广告，原料关、营养关、制造关为农夫果园三道关。尤其是"农夫果园，喝前摇一摇"这句话，点明了农夫果园的重要宣传卖点，让人记忆深刻。

（五）系列创意

系列化的影视广告是指在广告画面设计的形式、广告形象的造型、色彩以及广告的风格完全统一的基础上，由各自独立的一组广告构成。采用设计统一的系列化影视广告的目的是加深受众对广告主题的理解。

系列化影视广告在统一的基础之上有规律地变化，并在媒体上连续出现，可以使受众产生连续感、节奏感，有利于表现广告产品的多个优点，以及对不同受众进行诉求。尽管每则单幅广告的画面或使用的广告用语，随着广告内容侧重点变化而有所不同，但总体格调是一致的，设计形式是统一的。每个广告中，还可以有固定不变的商品形象反复出现。这些都保持了系列中各则广告之间的联系。系列化影视广告是强化商品形象、促进销售的有效手段。

影视广告的创意贵在创新，贵在独特，并赋予强烈的艺术感染力。只有这样，才能在同类产品中标新立异，凸显产品自身的特性。这就要求广告创意人员要充分调动创造力，跳出定式束缚，发挥自己的艺术才智。要善于审时度势，注重策略方法，设计出富有情节性、艺术性的活动表现方案，增强广告情节的影响力。另外，影视广告的定位要科学、要准确。广告主题要新颖，即根据目标受众的特点和要求，以及社会环境的实际情况，设计出具有吸引力、符合审美心理的活动环境和主题。创意必须服从定位，如果创意不是从定位出发，就会影响并波及整个广告活动。同时影视广告创意必须突出主题，传播广告信息，继而促使消费者产生购买行为。由此可见，影视广告创意是一种艺术活动，是基于广告主题的要求，面向广大消费者所推出的有策略的艺术商业活动。

第二节　影视广告创意的特点

一、科学性

影视广告创意的科学性是指影视广告创意是按一定的科学规律和手段进行的，具体表现在：

（一）运用科学的方法对消费者与市场进行调查研究

时刻记住广告的本质是推销术，以量化和定性分析为基础，对市场、企业、产品、消费者及竞争者进行科学的调查研究，从而为广告主提供相应的参考数据及建议。

（二）恪守产品或品牌的事实

对产品或品牌特性、功能等既不夸大，也不虚饰，而是实事求是地展示相关信息，从而使广告信息单纯化、清晰化。

（三）严格按照广告策划的科学程序

广告策划具有一定的程序和规律可循，这样才使广告创意承前启后，从而视觉化广告主题，实现市场销售目标。

（四）重视广告创意的概念测试

结合产品特点与消费者心理，对创意精雕细琢，提炼出概念并对之进行相关测试，使之成为"实效"广告片的基础。

二、艺术性

影视广告创意的艺术性是指用艺术化的手段创造广告形象，具体表现为：

（一）发挥影视广告视听结合的特性

注意运用影视思维方式，塑造品牌的同时也演绎品牌的个性，让广告主题变得生动、鲜明和形象。

（二）广告创意应着眼于增强广告说服观众的艺术感染力

在进行创意时，应多想想怎样在片子的开头就抓住观众的眼球，整个片子怎样才能让观众印象深刻。

（三）符合广告创作原则

善于从成功广告案例中汲取营养，体会"情理之中，意料之外"的叙事方式，揣摩"旧元素，新组合"的特点，使创意不脱离广告创作的基本规则。

（四）重视社会风俗与禁忌

熟悉当地各种社会风俗，并注意各类禁忌。尊重消费者的审美情趣，与消费者形成真诚的对话。

总之，科学性与艺术性的高度统一，是确保影视广告创意成功的有效途径。我们既不能以片面的科学做借口，使影视广告成为枯燥乏味的产品说明书，也不能以纯艺术的思考方式对待影视广告，使之成为中看不中用的"花瓶"。

第三节　影视广告创意的格式

一、按表现手段分类

（一）直截了当式

直截了当式（straight-forward commercial）是广播、电视广告中最古老、最简单的一种形式，可能也最容易写。它由一个人（多半是电台或电视台的播音员）播送销售讯息，可能配有背景音乐。直截了当式之所以较为流行，是因为它几乎适用于所有的产品或条件。在广播中，直截了当式广告还可以被设计成整合广告（integrated commercial），与某一节目穿插或针对指定节目而专门制作。

在电视广告中，播音员既可以出镜（on camera），也可以不出镜，以旁白（voice over）的形式来传递销售讯息。与此同时，演示、剧照或连续画面则出现在屏幕上。如果脚本设计周密，播音员又显得具有说服力，那么，直截了当式广告也会收到非常好的效果。再者，由于这种广告形式不要求精密的制作设备，因此可以节省大量的资金。地方性广告主、非营利机构和政治团体经常在午夜电视节目中采用直截了当式广告。

（二）主持人式（名人推荐式）

主持人式广告（presenter commercial）用一个人或角色来表现产品、传递销售讯息。有些主持人是名人，有些是客户方的高管，有些则是演员。无论采用什么人物，主持人都不一定非要真人出演不可。

广播人物（radio personality）以自己独特的风格为广告讯息增添活力，如果运用得当，这类广告会非常成功。不过，这样一来，就等于把大权交给了这个人物，风险较大，这个人物有可能出于无意在广告之外批评自己所宣传的产品。即使如此，这种技法有时也会给诉求平添几分真实性。通常，这个人物拿着已标出产品特点、重点、句子或企业广告口号的脚本，不断重复，但他们在播音时可以选择具体的措辞和语气。

（三）证言式（实证式）

真实的证言式广告（testimonial commercial）通过心满意足的用户告诉观众产品如何如何好，证言式广告无论是在电视广告中还是在广播广告中都显得非常可信。名人当然能引人注目，但他们必须令人信服，且不得喧宾夺主，削弱产品的影响力。实际上，各行各业的人都可以扮演证言人的角色，无论是著名人物还是非专业人士。至于采用哪种类型的人充当证言人，这要视产品的属性和广告战略而定。满意的用户是最好的证言资本，因为他们的真诚一般都颇具说服力。奥格威建议在被拍摄对象毫无察觉的情况下拍摄其证言，当然，在使用前必须征得他们的同意。

（四）演示式（比较式）

电视特别适合视觉演示（demonstration），演示比口头讯息能更快更好地说服公众。因此，电视广告不应滔滔不绝，而应进行演示。自然，电视也比广播更容易演示产品。不过，也有不少广告主利用广播成功地进行了幽默、风趣的演示。演示式广告可以演示产品的使用状态、竞争状态或使用前后的状态，这些技法有助于观众直接看到产品具有什么性能。

（五）音乐式

音乐式广告（musical commercial）又叫歌谣式广告（jingle commercial）。处理得好，音乐式广告可以获得巨大的成功，甚至效果超过普通的非音乐式广告。但如果处理得不好，则有可能浪费广告主的资金，不仅不会让人信服，并且还令人生厌。

音乐式广告有几种形式：可以将整个讯息编成歌，可以在歌谣中间穿插旁白，还可以用合唱的方式表演或用流行歌曲的方式去编排。许多广告创作者采用统一的音乐主题作为背景色彩或广告结尾，滚石公司为视窗 95 软件创作的广告音乐"启动我"便属此列，我们称之为音乐标志（musical logo）。在多次重复广告主的主题后，听众便会把音乐标志与产品自然而然地联系起来。而要做到这一点，音乐必须要有特别的吸引技巧（hook）。

广告人的音乐来源有三个：从版权所有人那里购买音乐的使用权，通常费用较高；利用已无版权问题的音乐；专门请人创作一段音乐。有些原创歌曲，如可口可乐广告著名的《我想教这世界一齐唱》，最终也变成了流行歌曲。

1973 年，代理可口可乐公司广告业务的麦肯（McCann-Erickson）广告公司聘请不同肤色、不同国籍的数百名年轻人，在意大利的一座山峰上齐声高唱可口可乐的广告歌曲，他们又是拍电影，又是录唱片，使可口可乐的宣传活动在世界范围内掀起了一股高潮。歌曲旋律优美动听，唱歌的几百名年轻人也唱得真诚动情，表达了对和平、博爱的衷心祈求，不过，最后都落脚在号召人人来买可口可乐的商业目的上。这种"高高抬起轻轻放下"的手法，正是一般广告宣传常用的手法。

（六）生活片段式

生活片段式广告（slice-of-life commercial）按现实生活情景进行表演，出场人物多为普通老百姓，当然，他们是由专业演员扮演的，他们谈论自己生活中遇到的一些麻烦。情景一般都涉及一些个人问题，如口臭、掉牙、头皮屑、体臭或汗渍等，再由一个亲戚、朋友或同事暗示解决方法，于是大家去尝试这个产品。下一个场景便表现使用后的结果——新的一天，一个更幸福、更干净、更清新的人呈现在你眼前。虽然观众常常厌烦这类广告，文案人员也讨厌写这类广告，但它们却能有效地引起观众的注意，激发他们的兴趣。

生活片段式广告成功的关键在于简洁，广告突出表现产品的某一个利益点，使之令人难忘。利用助记手段（mnemonic device）往往可以使产品利益显得更加生动，帮助观众记忆。不过，生活片段式广告的可信度是较难解决的问题，生活中的人们并不会经常谈论"高品位者的选择，精明的选择"这类问题。因此，演员必须具备相当的可信度才能让观众接受他们所传递的讯息。这就是为什么大多数地方性广告不采用生活片段式技法的原因。创造可信度需要非常专业的才能。生活片段式广告要求在任何情况下，故事情节都必须与产品相关，而且表现手法要简练。

（七）生活方式式

如果要表现用户而非产品，广告人可以采用生活方式的技法（lifestyle techniques）。例如，李维斯公司借助表现不同职业的人物的不同工作情景和消遣活动，将其 501 牛仔系列的广告信息瞄准了当代的年轻男性。同样，啤酒和软饮料类产品的广告主也往往将讯息瞄准经常参加野营活动的年轻人，着力展现喝这个品牌的人，而非具体的产品优点。

（八）动画式

动画技法（animation techniques）能非常有效地处理那些较难表现和针对特殊市场（如儿童）的广告讯息。例如，药物对人体系统的作用很难表现，但利用动画去描绘头痛和胃痛就可以简化主题、方便理解。

电脑动画要求广告主具有强大的信心，因为这项费用高昂的工作大部分是由电脑来完成的，而在动画未完成之前，什么也看不到，但却要花费大量的资金。

（九）综合式

综合式广告最大的特征之一，就是表现时将多种方式集于一身。

二、按呈现方式分类

（一）幽默型

幽默作为一种表达技巧，它将人类生活中的矛盾以及心理上共通的一些特点，用含蓄高雅的技巧编织成有趣的画面或滑稽的语言加以表现。幽默型广告让人愉悦、令人发笑，从而达到广告的目的。

（二）故事型（戏剧式）

故事型广告往往靠感性诉求吸引人，并常与幽默型广告相通。在创作这种广告时必须注意细节设计、情节联系、高潮设置，而且这些表现手法都必须与产品有机地结合起来。

（三）解决问题型

解决问题型广告应用得最为广泛，极易为观众所接受。它表现矛盾并解决了矛盾，因而容易引起观众的兴趣，创作时应注意以下几点：

第一，站在消费者的角度，用"观众自己的话"来表达。

第二，商品的特点、优势，应在介绍商品与解决问题之间提出。

第三，不妨加一些别人的赞美。

（四）悬念问答型

悬念问答型广告与故事型广告有相似之处，有戏剧高潮，创作时应注意以下几点：

第一，主题必须与观众熟悉的范围有关，必须让观众看得懂；

第二，以文案、音乐、动作、造型及剪接的多方衬托，把剧情推向高潮；

第三，悬念既可以先出现，也可以在最后暗示，不给答案，给人留下意犹未尽的感觉。

（五）对比型

对比型广告不仅表现产品自身的优点，而且还要有意无意地证明该产品优于同类竞争品。

（六）虚幻型

虚幻型广告通过丰富的想象力，将生活中不可能发生的事表现出来，给人亦真亦幻之感。它先以虚幻吸引观众，再把商品讯息传达出来，让观众记住。这种广告在表现手法上格外讲究，需要特殊效果营造气氛。

（七）气氛型

气氛型广告通过一些特定环境、特定事件来营造生活气氛和人物情感氛围，是一种感性诉求广告。

（八）概念型

概念型广告将商品的优点或特点概括为某种或某些概念，再选取相应的形象或意象加以表达。这是平面媒体广告常用的方法，但影视广告也可以使用，多用于推广高科技产品。

第五章　影视广告视听语言与拍摄

随着科学技术的迅速发展，媒体日趋信息化与数字化，全新的视听语言被引入影视广告中。本章对影视广告视听语言与拍摄进行了介绍，主要从三个方面进行了阐述，分别是影视广告视听语言、影视广告技术语言蒙太奇、影视广告的拍摄。

第一节　影视广告视听语言

一、镜头的运用

镜头一般有两个含义，一是指摄影机上的光学镜头，即由透镜系统组合而成的光学部件。但在影视语言中，镜头还有另外一个重要的含义，那就是指摄影机（摄像机）所拍摄到的镜头画面，也就是指摄影机（摄像机）每次从开机到关机所摄取的那一段连续的画面。著名的法国电影理论家马尔丹给镜头下了一个非常完整的定义："镜头是拍摄过程中摄影机的马达开动至停止这段时间内被感光的那段胶片。从剪辑角度看，便是剪两次与接两次之间的那段影片；从观众角度看，便是两个镜头之间的那段影片。"[1] 可见，镜头是由画面构成的，但镜头并不等于画面。有时一个画面就是一个镜头，有时一个镜头却有许多画面。一般说来，镜头能够单独表达一定的含义，而画面则不一定。

（一）焦距

有关焦距的特性应从几种常用镜头来加以了解。因为摄像用镜头主要是按

---

① 石长顺.电视编辑原理 [M].武汉：华中科技大学出版社，2003.

焦距的不同来进行分类的，摄影机的镜头是一组透镜，当平行于主光轴的光线穿过透镜时，会聚到一点上，这个点叫作焦点；焦点到透镜中心的距离，就称为焦距。

1. 标准镜头

焦距等于或相近于摄影（像）机片幅对角线长度的镜头。摄像机变焦镜头所拍的"标准"范围是指镜头的视场角近似于人们观看电视屏幕的视角。如果看电视的人与图像的距离恰好能使他分辨出电视节目的最细部分，这时荧光屏和他的眼睛所成的角度大约为24°，我们就把视场角24°定为"标准"镜头。因为看电视者对所处位置的要求并不严格，所以通常认为视场角在15°～30°（相应的焦距约为17～35毫米）。

标准镜头拍摄的画面接近于观众用眼睛观察到的效果，可以说是各种镜头中最不造作、最具真实感的，但因电视画面的局限性，视野比肉眼正常的视觉范围要小。

由于标准镜头的画面效果与人眼视觉效果十分相似，故用标准镜头拍摄的画面效果往往也就很普通，甚至可以说有一点平淡，它很难产生其他镜头那种渲染的效果。因此，要用标准镜头拍出生动的画面来是相当不容易的，即使是资深的摄影师也认为用好、用活标准镜头并不容易。但是，标准镜头所表现的视觉效果有一种自然的亲近感，用标准镜头拍摄的对象距离比较适中，所以在诸如普通风景、普通人像、抓拍等场景中用得比较多。有很多公益广告多采用标准镜头来拍摄。另外，标准镜头还是一种成像质量上佳的镜头，它对于被拍摄物的细节表现非常有效。

2. 长焦镜头

长焦距镜头又被称为望远镜头、远摄镜头、窄角镜头等。长焦镜头是指焦距大于而视角小于标准镜头的镜头。对于摄像机来说，视场角小于15°（焦距35～143毫米，视场角4°～15°），最近成像点要在1米左右。

长焦距镜头的画面造型特点包括：取景视角小，可以将远处景物"拉近"；景深较小，可以得到虚实结合的效果；产生"空间压缩"的透视效果；影像畸变小；影像的影调和色调比较柔和；场地照度比较均匀。

在实际拍摄中，我们可能直接使用专门的长焦距镜头，也可能是运用摄像机变焦距镜头中的长焦距部分，所拍得的画面效果和造型表现是一致的。长焦距镜头是最容易吸引人注意画面内容的镜头。它能把观众拉进场景中，造成让消费者亲自接近和参与的感觉。其中的超长焦距镜头还可以通过画面的变化产生一种超现实、梦幻般的效果。这种镜头能给人一种偷窥的感觉，更使得观众如身临其境。

要想表现小件物体，如一只眼睛、一块手表、一枚戒指时，就得使用长焦距镜头来拍摄。长焦距镜头与广角镜头具有完全相反的造型性能。它的视角小、景深也小，但成像比大。与标准镜头相比，在同等距离拍摄，等于将远距离的景物拉近（比如可以拍到太阳的近景），会使小件物充满画面，压缩现实环境中纵深方向物与物之间的距离，使多层物质仿佛贴在一起的感觉，这亦减弱了画面的纵深感和空间感，演员沿纵深方向走动，会产生踏步不前的感觉，这就容易减缓物体动作的速率。所以一般不用它来表现多层景物的场面，不拍摄具体纵深场面调度的中景和全景；又因长焦镜头的景深范围和四面视野小，不易准确捕捉运动中的被摄体，稍不留意，主体物就会滑出画面，镜头略有抖动，画面抖动也极为明显，因此一般避免用它来拍摄移动镜头。但是，由于它可以使小件物体获得占满画面的影像，因此在窥视人物心灵、描写细节、烘托某一特写气氛时，能发挥其特有的功效。

此外，在摄取不易接近的场景时，可以用长焦镜头在远处拍摄，或者为了解决远距离横向或垂直移动拍摄的问题，也往往借用它摇拍溜冰、赛马、追逐、飞鸟、攀登等场面，以造成跟拍的错觉。因为长焦距镜头景深小，除主体物以外，前后景物均处于模糊状态。这样，摄影师不仅可以通过调焦点来变换画面的纵深度，突出对主体物的空间的表现，同时也可以利用前后景物的模糊比，通过横移或横摇的运动形式增强被摄物体的动感感觉。

3. 广角镜头

是指焦距小于而视角大于标准镜头的镜头。对于摄像机来说，视场角大于30° 称为广角镜头（视角 30° ～50° ，焦距为 9.5～16 毫米）。

广角镜头的特点：取景视角大于标准镜头，焦距越短，视角越大；广角镜头能产生较大的景深；改变正常的透视关系；影像畸变，画面边缘尤为严重。

运用广角镜头拍摄的画面其造型特点有：视角广、景深大、视野范围宽、成像比小。画面上的前后景物大小对比鲜明，前景处景物越远越小，夸张了现实生活中纵深方向物与物之间的距离。沿纵深方向行驶的车辆瞬间即逝，远离摄影机的演员可走近镜头。这样的拍摄技巧不仅可以增强画面的空间感和透视感，而且有助于运动物体速度的表现（高速飞驰的汽车、摩托车等）。因此，广角镜头适合于拍摄具有多层景物的全景和远景，不需要拉远摄影机就可以在面积不大的布景或实景中拍到广告情节所需要的中景或全景。这就有利于表现宏伟的群众场面、辽阔的田野、壮观的建筑、飞驰的汽车、复杂的纵深和高度等具有多层景物的场景，并能弥补布景或实景不够宽阔、不够雄伟的不足。如果再配以仰俯角度，就更能在受众面前展示出不同寻常的视觉形象，加深受众的艺术感觉。同时，由于广角镜头景深大、视野宽，不会影响画面影像的清晰度，也便于准确捕捉运动着的被摄物体。因此，摄影师习惯用它拍摄移动镜头。同时，它的成像比小，具有明显的曲像效果。当用它拍摄肖像特写时，会使人的形象变形，歪曲了人物形象的正常透视关系，这样则会产生些意想不到的奇特广告画面效果。

总结广角镜头的应用可以总结为以下几点：适于拍摄远景和全景画面；适于在紧急情况下的抓拍和拍摄快速运动体；适于在拍摄位置受狭窄空间限制，无法后退的环境中拍摄；适于摈弃被摄主体前不良前景；适于拍摄希望画面产生透视变形的场合；当被摄影或运动摄影时，利于拍出较平稳的画面效果；广角镜头视野广阔，拍摄景物亮度差别大，应注意曝光问题。

（二）景别

在影视广告拍摄中，美国电影导演格里菲斯的《一个国家的诞生》成为定点摄影的转折点，开始摆脱乐队指挥式的定点摄影，产生不同景别的单个镜头，一直到后来的多景别影片设计，才构成了电影艺术所特有的时空构成方式。在影视广告拍摄中景别是构成影视语言的基本镜头语汇之一，是指被摄对象在画面中所呈现的范围。在这里我们暂时以一个成年人在画面中呈现的程度作为划分的依据。

依据范围的大小不同，景别一般分为六种：大远景、远景、全景、中景、近景、特写。不同景别有不同的视点变化和画面结构，意味着不同的叙述方式和场景气氛。远景画面展现空间开阔包含的景物范围大。在景物占据画面大部分的时候，人物在画面上占据的面积较小，画面的结构为自然景物或建筑物的外部轮廓，景物成了画面的主体物体的细部被消解和淡化，画面显得空灵和含蓄。视觉形象简洁、明快，因而具有浓郁的抒情意味。同时画面显得冷静与客观，作为开篇或结尾画面经常用到。开篇展示交代环境特征，结尾在视觉上形成一种远离情节的视觉感受，同时也给观众回味的空间。全景再现事物或场景的全局形象，揭示情节所展开的环境，渲染情绪气氛，完整展现人物行为动作，表现人物之间的关系，体现主体人物和环境之间的关系。中景展现事物最具有表现力的局部或结构线，表现人物之间的交流，在表现人物表情和行为动作的同时，保留场景和环境空间局部。近景表现人物神态、情绪，刻画人物内心，充分展现景物细部特征，拉近人物与观众之间的距离。特写描绘细节强调细部特征描绘人物细微表情和情绪特征揭示人物内心。在影视广告设计中需根据不同的广告主题和故事剧情进行不同的景别安排。由于播放费用极高，影视广告的影片播放时间通常较短，通常以秒为时间单位来计算，一般影视广告的影片时间长度控制在 10～15 秒。所以，在有限的时间内怎样把广告主题及相应产品信息完整、清晰地用景别的变化表现出来，并且不漏失影片的浓缩情节，成为所有影视广告创作人员的一个重要任务。

1. 大远景（long shot）

大远景是用广角镜头拍摄。一个辽阔区域，通常是从高角度拍摄的画面，用来作为定场镜头或提示宽广开阔的空间。大远景主要用来表现大自然的氛围，地貌地形，山河的走向，广袤原野的神韵和天地合一的气势。大远景放在影视广告的开头，着眼于以环境气势吸引观众，使观众理解整个广告给予的环境氛围。放在影视广告的结尾，则用于展现前面故事情节的余韵，给观众以回味的时间和空间，重新审视人物事件与环境的关系，将诉求主体与环境空间融为一体。吴彦祖为凯迪拉克代言的一条广告《一触即发》篇中就用了大远景来体现产品的气势。

2. 远景（wide shot）

功能方面和大远景相同。在远景中，人物的细部动作比较清晰，同时也能用来交代周围的环境，观众的注意力集中在每个演员身上。因此，必须将画面中各个人彼此间的关系表明清楚。例如，一个舞会场面的远景镜头，除了主角在起舞之外，附近的临时演员也要起舞才对。一则国外香奈儿广告中，采用远景镜头将香奈儿产品高端、大气、神秘的氛围体现得淋漓尽致。

3. 全景（full shot）

全景指被摄对象的全貌，全景比远景包括的范围小些，但仍可表现被摄对象的整体，并能包括足够的环境。全景能表现出被摄对象一定的动作，但还是不适宜表现具体的细节。全景包括被摄对象的全貌和它周围的环境。与远景相比，全景有明显地作为内容中心、结构中心的主体。在全景画面中，无论人还是物体，其外部轮廓线条以及相互间的关系都能得到充分的展现，环境与人的关系更为密切。全景的作用是确定事物、人物的空间关系，展示环境特征，表现节目的某段情节的发生地点，为后续情节定向。同时，全景有利于表现人和物的动势。使用全景时，使用时间相对较长。影视广告拍摄中，表明时间地点的任务主要是在远景和全景画面里完成，环境与事件、人物动作之间存在着必然的联系。

刘若英为乌镇拍了一条《来过，便不曾离开》的城市形象广告。在此广告中，大量采用了全景拍摄，将主人公与乌镇的美景融为一体，视觉冲击力极强。

4. 中景（medium shot）

中景基本上就是大部分周围环境不包括在内，因而使人体成为注意的焦点。中景的人像或者包含全身或者只取膝部以上。中景可包含两人镜头（两个人物出现在屏幕上）或者三人镜头。中景画面可以将人物上半身动势最为活跃和明显的手臂活动完整而突出地呈现出来，是影视作品中使用较多的基本景别。中景在主要表现人物形体动作的同时，也提供人物不定期的活动范围。中景可以表现一个人，也可以表现几个人，揭示他们的关系和交代故事的冲突，还可以表现一定范围的人物背景和场景，起到衬托人物、营造气氛的作用。如 2013 年 10 月在首届中国公益广告大赛中获得金奖的《回家》系列公益广告，画面中大多数采用平实的纪实手法，多采用中景镜头拍摄人物的生活状态和心理状态。在《回家》系列之《63 年后的团圆》中采用大量的中景镜头，将对兄弟 63 年的团圆盼望表现得感人至深。

5. 近景（close shot）

近景是表现人物胸部以上或者景物局部面貌的画面。在表现人物的时候，近景画面中人物占据一半以上的画幅，这时人物的头部尤其是眼睛将成为观众注意的重点。近景是将人物或被摄主体推向观众眼前的一种景别。在近景画面中，环境空间被淡化，处于陪体地位。在很多情况下，我们选择利用一定的手段将背景虚化，这时背景环境中的各种造型元素都只有模糊的轮廓，这样有利于更好地突出主体。

在表现人物的近景画面中，人物的面部特征、表情神态、喜怒神情，尤其是眼睛的形象、眼神的波动成了画面中表达的最重要内容，留给了观众深刻的印象。影视广告利用近景可以拉近画面中人物与观众之间的心理距离，使观众与人物产生强烈的亲近感。近景是影视广告进行情感诉求的主要景别。

在奥利奥广告中，利用近景镜头将兄弟二人吃饼干时扭一扭、舔一舔、泡一泡的有趣童真的画面表现得很到位。

6. 特写（close up）

特写是影视广告中拍摄人像的面部，人体的某一局部，一件物品的某细部的镜头。特写镜头中被摄对象充满画面，比近景更加接近观众。背景处于次要地位，甚至消失，特写镜头能细微地表现人物面部表情和产品的细节。它具有生活中不常见的特殊的视觉感受。主要用来描绘人物的内心活动，商品的质感，特写镜头无论是人物或商品均能给观众以强烈的印象。例如在下文提及的案例香奈尔口红全画面只有鲜艳夺目的红唇，视觉冲击力强烈。再如在李冰冰代言的欧莱雅眼霜也采用的是特写画面进行拍摄，传播效果显著。

（三）拍摄角度

影视广告拍摄角度大致分为三种：平摄（水平方向拍摄）、仰摄（由下往上拍摄）、俯摄（由上往下拍摄）。

1. 平摄

大多数画面应该在摄像机保持水平方向时拍摄，这样比较符合人们的视觉习惯，画面效果显得比较平和稳定。如果拍摄高于或低于这个高度的人或物，那么，摄像者就应该根据人或物的高度随时调整摄像机高度和身体姿势。例如，拍摄坐在沙发上的主角或在地板上玩耍的小孩时，就应该采用跪姿甚至趴在地上拍摄，使摄像机与被摄者始终处于同一水平线上。水平方向拍摄还可以分为正面拍摄、侧面拍摄、平角拍摄。

2. 仰摄

不同的角度拍摄的画面传达的信息不同。同一种事物，因为观看的角度不同就会产生不同的心理感受。

仰望一个目标，观看者会觉得这个目标好像显得特别高大，不管这个目标是人还是景物。如果想使被摄者的形象显得高大一些，就可以降低摄像机的拍摄角度倾斜向上去拍摄。用这种方法去拍摄，可以使主体地位得到强化，被摄者显得更雄伟高大。用低方位向上拍摄，可以提高此人威武、高大的形象，会使主角的地位更好地突显出来。如果把摄像机架得够低，镜头更为朝上，会使此人更具威慑力，甚至主角人物说的话也会增加分量。观众看到这样的画面，就会有压迫感，特别是近距离镜头，表现得尤为强烈，人物再稍微低头，甚至产生些威胁感。

在采用由下往上拍摄时要注意，时常会出现明显的变形，在不合适的场合使用这种视角可能会扭曲丑化主体。这种效果切记不要滥用，偶尔运用可以渲染气氛，增强影视制作影片的视觉效果，如果运用过多过滥，效果会适得其反。但有时拍摄者就是利用这种变形夸张手法，从而达到不凡的视觉效果，尤其在影视广告的拍摄摄像当中。

3. 俯摄

摄像机所处的位置高于被摄体，镜头偏向下方拍摄。超高角度通常配合超远画面，用来显示某个场景。可以用于拍摄大场面，如街景、球赛等。以全景和中镜头拍摄，容易表现画面的层次感、纵深感。

如果从较高的地方向下俯摄，就可以完整地展现从近景到远景的所有画面，给人以辽阔宽广的感觉。采用高机位，大俯视角度拍摄就可以增加画面的立体感。

（四）机位

顾名思义，机位就是摄像机的位置，即摄像机（或逻辑上的）在空间上的位置及其与被表现事物的相对关系位置。

（五）视线

视线就是人们要看的内容、方位等。视线是从观察点到被观察物间的逻辑直线。视线的中心轴线叫视轴。讲述人看被讲述事物的视线叫客观视线。剧中人看剧中事物的视线叫主观视线。

（六）焦点

焦点是指被观察的中心。在焦点上的可见物，总是被看得最清楚。与之相对应的是，焦点之外的事物会因为焦点的确定而表现出不同程度的模糊。如果对应于通过光学镜头得到的事物的影像，则焦距的不同影响着焦点外事物模糊程度。

（七）视野

视野就是观察者的视力范围，即观察对象的有效区域，也就是观察者视线范围是宽阔、全面一些，还是狭窄、集中一些。这个范围表现为观察视线有一个能够确定大小的开角，我们把这个开角所决定的视线范围称为观察的视野。

二、色彩的运用

色彩的本质是波动的光线。当一束白光射到三棱镜上的时候，就会由于组成白光的各种光线的波长及折射率的不同被分解成明晰可见的红、橙、黄、绿、青、蓝、紫七种色光。光学上把这个依次排列的彩色光带称为光谱，把组成光线的不同波长的多种色光称为光谱成分，并把它作为光源光谱特性的标志。红、绿、蓝三原色光的等量混合是色光组合的最基本规律。

如果分别在三个幻灯机的镜头前加上分光吸收特性适当的红、绿、蓝滤色片，并使透射光投射到白色银幕上的时候，即可看见三原色光等量混合的效果。而三原色光的不等量的混合则会产生其他许多色彩。色和光是不可分割的。光能引起情绪反应，色彩也能引起情绪反应。同时，光的强度能改变颜色的深浅，光的方向能改变物体和人的"形状"，光的性质能在一个彩色画格内表达出丰富而复杂的关系。更为重要的是，在现代电视广告中，光和色有吸引注意、塑造情调、引发联想的作用，是作为广告信息的辅助元素而存在的。

（一）画面色彩构成

彩色电视画面，看上去是色彩斑斓，但屏幕的原始发光色只有三种：红色、绿色、蓝色，我们称其为三个基本色，简称三基色。

任何色彩都有三个属性：亮度，饱和度，色调。在色度学上，这三个属性叫作彩色三要素。

1. 亮度

亮度即色彩的明暗程度，不同的颜色具有不同的明度。例如，黄色就比蓝色的明度高，在一个镜头画面中如何安排不同明度的色块比较是帮助表达情感的主要手段，如果天空比地面明度高，就会产生开阔晴朗的感觉。对于电视摄像，所获取的图像亮度取决于被拍摄对象本身的明暗程度、摄像机的光圈大小及快门速度等诸多因素。

2. 饱和度

饱和度指色彩的浓淡程度，也称色彩的纯度。饱和度越高，颜色越深，饱和度越低，颜色越浅。饱和度没有单位，通常用百分数表示，范围是 0%～100%。饱和度为 0% 表示灰色及黑、白等消色，100% 则意味着色彩的浓度达到了最大值。色彩的饱和度有一个非常重要的特性，就是当亮度增高时，饱和度将降低；亮度降低时，饱和度将升高。因此，在影视广告拍摄时注意处理好画面亮度和色彩饱和度的关系。

3.色调

色调是指颜色的类别，不同的色彩给人不同的冷暖感觉。由暖至冷的顺序是：红色＞橙色＞黄色＞绿色＞蓝色＞紫色。色彩给我们的冷暖感叫色性，是作用于我们视觉上的一种心理感受，而不是色彩的客观属性。任何一个颜色都可以作为主色，以其为中心组成同类、邻近、对比或强烈对比等不同程度的色调关系。

画面拍摄常采用的方法有弱色调对比和强色调对比。弱色调对比是指邻近色搭配在一起，画面和谐、稳定，容易取得统一的色彩倾向，色彩和谐、含蓄、柔美。但色彩之间缺少足够的差异，看上去比较单调，不容易形成强烈的视觉刺激，视觉冲击力不强。强色调对比是以互补色为代表的色彩对比，比如大面积相间的红与青、绿与紫、蓝与黄等，以其鲜明的色调差异形成强烈的视觉注意和刺激，色彩艳丽、饱和、对比强烈。

（二）色彩的基调

色彩基调即一部广告片总的色彩倾向，也就是在多种色彩中起统治作用或居于核心地位的颜色。色彩基调是视觉识别系统的重要组成部分，一个明确而恰当的色彩基调，不但可以深化广告主题、渲染商品属性，而且经过足够密度的传播，给观众以长久的印象，甚至在大脑中把某种色彩与企业或产品形成有效的"链接"关系。广告中常采用的色调有红色、蓝色、绿色、茶褐色等。

红色基调热烈、奔放、温暖，象征着吉庆、祥瑞，是节日、庆典的常用色彩。绿色基调象征生命、安全、环保、蔬菜、春天的颜色，在食品、饮料、药品及酒类广告中应用较多。蓝色基调是蓝天和大海的标志色调，理性、辽阔、冷静、凉爽。茶褐色和棕色及咖啡色相近，是咖啡、巧克力及茶饮料的标志色。有时怀旧、爱情、甜蜜也用此种色调。灰色具有金属质感的银灰色或略偏冷色的中灰色调，沉稳、朴素、大气，常见于机电类产品广告中。

影视广告的色调选择特别要注意以下几点：

第一，色彩要和广告主题、产品形象相符，并且保持前后有一定色调和情绪的统一性。

第二，色彩要明朗悦目，通常以明亮度高的色彩为重点色，以吸引注意力。

第三，背景色一般不应和产品色彩相近，要能使产品突出出来，所以常选明度、纯度都较低的色彩。

第四，细节色彩处理要统一，使人易记、易联想。

第五，色彩处理宜简洁精练，忌烦琐杂乱。

第六，用有色滤光镜、有色遮光片或设置白平衡调节，都可以制造广告所需的色调和情调，但切忌滥用。

（三）影调

对影视广告而言，"影调"又称为影视广告片的基调或调子，它指画面的明暗层次、虚实对比和色彩的色相明暗等之间的关系。通过这些关系，使受众感受到光的流动和变化。

影视广告片画面中的线条、形状、色彩等元素是由影调来体现的，如线条是画面上不同影调的分界。片子基本分为三种类型：高调、中间调和低调。

1. 高调

高调的影视广告片，从白到浅淡色的影调层次占了画面的绝大部分，加上少量的深色影调。高调作品给人以明朗、纯洁、轻快的感觉，但随着主题内容和环境变化，也会产生惨淡、空虚、悲哀的感觉。

2. 中间调

中间调影视广告片以中间色调为主，处于高调和低调之间，反差小，层次丰富。中间调是影视广告片中最常见的一种影调。

3.低调

低调影视广告片，从深色至黑色的影调层次占了画面的绝大部分，少量的白色起着影调反差作用。低调广告片形成凝重、庄严和刚毅的感觉，但在另一种环境下，它又会给人以黑暗、阴森和恐惧的感觉。

三、光的运用

（一）光源

1.光源的分类

影视广告的照明和其他影视节目制作有所不同，它不仅在于让观众看清楚，更主要在于加强表现力，制造独特的受众兴趣点，更好地完成商品信息传达。因而，在制造气氛、渲染环境、突出商品主题方面更需有创造性。电视广告的拍摄可以利用一切光源，光源可分为自然光和人工光两大类。

（1）自然光

天然发光的光源均称为自然光。从影视摄影的角度讲，可利用的自然光主要是太阳光和月光。太阳是主要的发光源，月光也是自然光的一种。近些年摄影机的灵敏度不断提高，有时可直接拍摄月亮和月光下的景物。此外，在阳光、月光照射下的反射光也属于自然光。

自然光的特点：亮度强，照明范围广而均匀。但它的亮度、照射角度、距离远近、色温等往往不以创作者的主观意志为转移。拍摄外景要靠自然光，人工光多作为辅助光运用。

摄像师需要了解不同自然光的特点，注意观察和掌握自然光的变化规律，根据拍摄需要恰当地运用直射光、散射光和反射光，以便结合自己要创作的艺术形象选择运用。在进行影视广告画面素材外景拍摄时，主要采用以下几种用光原则：

①用光贴合环境特点。影视广告画面内容是一定生活形象的反映，画面中人物表现的场景必然具有时间、地点等特征。恰当地为画面中人或物选择环境

特定的光线效果，是渲染气氛、创造现场感、增加艺术感染力的重要因素。摄像师必须根据广告创意所要表达的环境状态，选择出相应的环境自然光效来。

②正确选择阳光投射方向。当外景地确定后，摄像师首先要考虑拍摄时间的选择，即太阳在哪个位置时（高度、方向）进行拍摄为最佳时间并能获取最佳光效。拍摄者一般可以把白天分为四个照明时刻。

晨昏光时刻：早上东方发白到太阳露出地平线之前，傍晚从太阳完全进入地平线到天黑。在这个时刻里，整个天空的亮度虽然不高，但靠近太阳的天空则有相当高的亮度，而地面上的景物则因为没有太阳光直接的照射，只被强度不高的散射光所照明，景物的亮度与靠近太阳的天空亮度相比差距很大，利用这个很大的亮度差，可以拍出具有强烈反差的剪影画面。

平射光时刻：早上太阳刚露出地平线开始，到太阳升到与地面的夹角15°左右；下午从太阳降到15°左右开始，到太阳完全进入地平线为止。在这个照明时刻，太阳光线与地面几乎平行，或者角度很小，能把物体向着太阳的垂直面照亮。由于这个时刻的阳光是平射的，经过大气层的厚度最大，所以光线显得特别柔和，被照景物的反差也显得特别柔和。在这个照明时刻拍摄的画面，富有生机。

斜射光时刻：太阳位于15°左右到80°左右（不论是上午还是下午）。这段时间在四种照明时刻中，为时最长，也是最为摄影、摄像者广泛利用的时刻。斜射光时刻的直射光比平射光时刻的直射光硬，其造型和表现质感的能力较强。在这个照明时刻内，景物的明暗反差适中，这个时刻也是正常照明时刻。

顶射光时刻：太阳与地面的夹角在80°和90°之间时，也就是正午前后一段。这时，直射光当顶，地面景物单位面积内所受的光线密度最大，而直射光所经过的大气层最薄，光线损失最小。因此，此时的直射光最强。景物的顶部受着很强的直射光，而垂直面则很少或不受直射光。这就会造成地面景物会有强烈的反差。在这个时刻内，物体的阴影很短，甚至没有，无助于表现立体形状和空间深度，画面显得呆板。

③掌握照度和色温的变化。随着一天24小时的时间变化，景物的照度也在改变，同时色温也在相应改变。照度的变化不仅决定摄影技术手段的运用，而

且也对画面气氛有直接的影响。色温的变化则直接决定了画面色彩的表现，这是摄影师进行拍摄创作时必须注意的。正确选择阳光方向、照度、色温以及自然光的各种光效，是摄影师对外景光线处理的一项重要工作。但有的时候自然光的光效不能完全满足广告创作人员的需求，这时就要由灯光师用人工光源对景物的受光面进行局部的修饰。

（2）人工光

由人工制造的光源统称为人工光。影视广告中使用的光源非常复杂，故其性质也各异。经常使用的人工光源有聚光灯、散光灯、高色温灯等。既可以在摄影棚内作为主光源，也可以在户外作辅助光源或主光源使用。

人工光源光照范围没有日光大，但使用非常方便。可以用它创作许多艺术效果，不受场地、季节、时间、气候、地理等因素影响，还具备可以随时调整色温和效果等优点。在实际操作中，人工光源也可与自然光源混合使用，这就是所谓的"混合光"。这种光具有一些特殊效果，当然，在使用"混合光"时要注意色温的校正。

人工光源在拍摄外景时的任务主要有以下三方面：

①对画面中的局部自然光进行修饰。当选择了自然光效后，可能整体光效令人满意，但个别局部光效不是十分如意，这时可以利用人工光源进行局部调整和修饰。如在中午拍摄时环境光比较好，人物光有时会不太满意，这时可以进行局部光的调整和修饰，将人物光中的阳光挡掉，用人工光重新处理。也可以利用较强的人工光照明人脸，把自然光的顶光效果冲淡，从而改变人物在中午时的顶光效果。当拍摄人物近景和特写时，可以利用人工光对人物面孔进行细致的造型修饰，以使人物形象能满足拍摄时的具体要求。

②利用人工光平衡景物的自然光比。自然光的亮度范围是非常大的，目前就是最好的彩色胶片的宽容度也远远不能容纳景物的亮度范围，与电子摄影机所使用的磁带其曝光宽容度相比彩色胶片则更小。虽然目前的数码相机的宽容度比上述两种拍摄设备有了很大改观，但是在大多数情况下仍然不能完全容纳景物的亮度范围，因此在实际拍摄时就需要进行光线亮度范围的平衡。常做的布光工作有：平衡画面中天空与地面景物的亮度反差，平衡景物受光面与背光

面的亮度反差，平衡人物之间的亮度反差，平衡逆光条件下人物与景物之间的反差，平衡特定条件下的光线亮度范围，等等。还有，在进行早晚光效、夜景、阴天、下雨、雪景、海景、山景等外景点拍摄时，也需要用人工光对画面光进行局部修饰和调整。

③调整画面色彩。为了造型和表意的需要，或者为了在画面中再现自然光三种形态的需要，往往需用色光对景物加工处理，以改变画面色彩构成与色调的控制。在外景拍摄时可以利用人工色光对人物和景物进行色彩调节和处理，比如当太阳光光效太强时，照在主体人物或广告中主要诉求对象—产品上的光线就会太亮，这时就需要用人工挡光设备吸掉一部分太阳光，或者用人工光源给与主体人物或广告中主要诉求的产品相映衬下显得太暗的背景点增加人工光色，以使二者得到一个中和。而当太阳光线过弱（如阴天、假阴天）时，则要用人工光源补充打在主体人物或广告中主要诉求的产品上，使其得到一个充足的光照度，在拍摄中获取到一幅光线恰当的影视画面。

2. 光源的属性

（1）软光源

软光源也称散光源，是指发光面积大的光源发出的光线，照射在被摄物体上不产生明显的投影。其代表性的光源有天空光和通过柔化的人工光源，如排灯、磨砂灯、环境反射的散光等。

软光源的特点是：没有明显的投射方向；光线柔软，受光面与背光面过渡柔和；照明均匀，能用光调描绘对象的立体形态，层次丰富、细腻；对被摄物体形态的轮廓、变化刻画不够鲜明，对表面粗糙不平的质感和清晰度表达较弱。

（2）硬光源

硬光源也称为集中照射光源，是一种点状光源发出的光线。它可以在被照物体上产生清晰的投影，其代表光源有太阳光和聚光功能的照明灯具。

硬光源的特点是：光线造型好、光感强，有明显的照射方向；受光面亮、明暗对比强并能形成阴影和投影；能有力展现被照物体的形体状态、轮廓线条、表面质感；能显示出时空感，能构成各种影调形式和确定明暗配置。通常把它作为主光使用，也可作为修饰光。实际工作中常常利用感光源表现清晰度要求高和需强调的部分，但容易形成光斑，不利于细节的表现。

（二）色温

1. 色温与光源

色温也称为光源色温，是指热辐射光源的光谱成分。当实际光源的光谱成分与完全辐射体（既不反射也不透射，能全部吸收落在它上面的辐射的黑体）在某一温度时的光谱成分一致时，就用完全辐射体的温度表示该光源的光谱成分。

色温可用符号"K"来表示。彩色摄影与色温的关系很大，直接影响到画面色彩的表现效果。色温随光源的不同而不同。

色温通常用高低来形容，是由光线中包含的不同波长光决定的。若长光波多，光线色度就偏黄，由橙到红，为低色温；若短光波多，光线色度就偏青，由蓝到紫，为高色温。

2. 色温与感光材料

由于光线色温不同，在摄影时所使用的胶片要求也不同。彩色胶片分为日光型和灯光型两种。日光型色温为5500K，灯光型胶片色温为3300K。人眼睛看3300K色温的光线是黄色的，但对灯光型彩色胶片来说却是白色的。灯光片只能在这种色温条件下使用，被摄物的色彩才能够得到真实的色彩还原，高于这个色温则偏蓝色，低于这个色温就偏黄色。被摄物体与照明的光源，在色温和感光材料方面必须使色温一致。即日光片只能拍摄日光或相应色温下照明的景物。否则，色彩就会失真，严重偏色。如果在日光下使用灯光胶片，须加适当的滤色镜，如雷镜等。

在实际操作中，有时也有意用色温偏差来获得特殊效果。如用灯光彩色片，不使用滤色镜，在高色温照明条件下获得夜景的效果。

（三）布光的作用

我们了解了光线的性质后，就要进一步了解布光的作用。

首先，照亮物体使胶片曝光或使摄像机记录下信号。在造型上能反映被摄对象的立体感、质感、轮廓、真实感和美感。显示对象的外形、体积、大小比例等。

其次，把注意力引导向特定的地方，突出重点，隐没其他部分，就像舞台上聚光灯，角色在光照下格外突出。

再次，构成环境气氛。在表现上有渲染气氛、烘托主体的作用，在一定方式的布光状态下，可以营造出特定的环境气氛。

最后，影响构图，布光能使物体之间产生联系，改变物体形状，突出某些线条，使画面物体形成协调的状态。

（四）布光的依据

1. 依据影视广告创意的要求

在影视广告创意的要求范围内进行布光，不能脱离这一基调，确保创意精神的准确传达。

2. 依据生活中自然照明的效果

要给人以真实、自然的感觉，在模仿自然的基础上高于自然。寻找出最具有视觉效果的场景进行布光。只有真实自然的感觉才能给消费者以信赖感。

3. 依据影片的风格样式的要求

一部好的影视广告为了形成统一的印象，就要调动相应的表现元素，做到形式服务于内容，进行风格化、样式化的光影造型。

（五）影视广告布光的特点

1. 准确传达商品信息

影视广告是为商品服务的，这就要求广告布光也要站在这一角度来考虑问题，不能仅仅只追求视觉的"好看"，"好看"未必"有用"。在影视广告布光中，用什么光源、怎样布光、时间长短、光线强弱、光线的色彩与效果等，都要有利于广告主题的表现。

2. 布光指向明确

影视广告的时间短暂，没有铺垫的机会，故在布光时应一步到位，准确明了，让观众一看就知道其用意并形成印象，不要含混不清或模糊不清，光线平淡，削弱了重点的传达。布光时只是把物品照亮是不够的，还要有明确的光线指向。

3. 布光手法灵活

通常影视剧的布光相对单一，而影视广告具有特殊性，它可以用多种手法进行布光，从而创造出变化多端、丰富多彩的布光效果。

（六）布光的设计

1. 光线的设计

光线设计分为光线性质的设计和光线方向的设计，光线的性质是有软、硬光源之分；而方向设计则包括平光、正侧光、侧光、侧逆光、逆光、顶光和脚光等。不同的光线方向有其不同的光线造型效果。

（1）正面光

正面光即顺光，指与摄影（像）机同一方向照明被摄体的光线。

（2）侧面光

侧面光即侧光，从被摄体左右呈 90° 的侧面射来的光线。光线从被摄体左右靠前 45° 的侧面射来的光叫前侧光；靠后 45° 的侧面射来的光叫侧逆光。侧光反差强烈，有利于表现物体的立体感和质感。这种光线在被摄体上形成半明半暗的效果，有明显的暗面和投影。由于在同一光线和不同对象上有明显的对比，故对物体的形态有勾画作用。侧光使被摄物受光部位显得突出，背光部凹陷下去，立体感强，色彩丰富。通过侧光在层次上的搭配，能更好地表现空间的深度。

（3）侧逆光

侧逆光也称反侧光，指光线投射方向与摄影机拍摄方向水平角成 135° ～ 140°，也有的称之为伦勃朗光（因荷兰画家伦勃朗多用此光作画）。其特点是对象轮廓感强、形态立体。因对象大部分处在阴影之中，色阶较单一，轮廓明亮。运用这种光线，能较好地表现大气透视效果。如群山、树林、建筑等。拍摄人物时常加以人工补光，其效果更佳。

（4）逆光

逆光也称"背景光"，指光源与拍摄位置呈 180° 时，来自被摄体后面的照明。即光源、被摄体、摄影机在同一轴线上，其特点是只能看见被摄体轮廓，层次分明，与背景明显区分开来，透视感强，色阶丰富。在拍摄远景、沙漠、森林时，能显出层次与气势。在逆光下拍摄人物或半透明物体时，显示出极强的画面艺术效果。主体从背景中分离出来，轮廓光感强，色彩亮丽。

（5）顶光

顶光光线从被摄体垂直上方照射，称为顶光。这种光线下，景物的水平面照度大，景物的亮度间距大，缺乏中间层次。在顶光下的人物会出现反常的效果。如人物额头发亮，眼窝发黑，鼻影下垂，颊首突出，两腮有阴影。在拍摄中，通常对这种光要以辅助光处理。如提高阴影处的亮度，减少光比。

（6）脚光

脚光由下向上照射人物、景物的光线，其角度在 90° 左右。这种光多在特殊情况下使用，能产生异常变形的效果。通常被用在表现画面中的光源（如油灯、台灯、篝火等）的自然照明效果。

2. 整体与明暗面色光设计

通常在照明灯前，加上不同颜色灯光纸（也称色纸）而获得相应的色光。采用与胶片色温不同的灯光纸时，可获得不同色光照明的效果，可以用来模拟生活中不同的光照情景。如黄色灯光纸可以呈现黄昏的感觉；用蓝色灯光纸可展现月夜的景色；多种色纸同时照明，制造出幻觉或想象的状态等。在同一景物的明暗面色光设计中，又可以分为：

（1）大反差

大反差即亮暗面色光对比强烈，构成色彩中互为补色的关系，如红与绿、橙与紫等。

（2）中反差

中反差即色光对比适中，色相表现为近似色或同类色。如紫与绿、黄与蓝等。

（3）小反差

小反差即色光的色相对比为同类色，形成柔和、平缓的效果。如红与黄、蓝与绿等。

（七）影视广告用光技巧

1. 多用侧光

侧光易表现人物性格、表情，增加物体感、立体感。

2. 多用逆光

逆光对创造温馨、神秘的气氛有很强的表现力，并能使光线明暗、色彩的变化过渡呈现得多姿多彩。尤其是在用侧逆光时，特别易表现出物体富有魅力的质感。

3. 多用背景光

背景光可以使产品和背景分离开，得以突出，同时可以使本来比较单调的背景画面有所变化，丰富画面内容；并且，背景光也可以作为一种陪衬，起到表现产品品位、制造情调的作用。

4. 多用局部光

室内场景往往利用局部光表明环境、氛围，制造神秘感，加强气氛，并且引导视线流向视觉重点。广告产品用局部光常在特写时，可以突出产品质感、形状、色彩以及字幕等信息。局部光的另一作用是使无关信息都消融在黑暗中，突出重点。

5. 充分利用自然光

在利用自然光时要讲究光的角度、强度和性质。

四、声音的运用

在影视广告中声音是视听语言中"听觉语言"的重要部分。影视广告声音是指在制作影视广告作品的过程中，根据广告创作的需要，在艺术构思的指导下设计出的，且被记录在一定的储存媒介上，经传播后由电视荧屏背后和周围的扬声器重放出来，且能传达一定艺术信息的具体的可闻可感的声音，称为影视广告的声音。

这种被观众感知的影视声音既是与原始声音同质同构的声音，又是与画面内容紧密匹配的声音。所以影视广告作品中的声音又可以定义为影视广告作品中的有声语言，它与画面构成影视广告的两个基本要素，包括广告语（人声）、广告音效、广告音乐三部分。声音是与影像共同构筑影视形象的不可或缺的重要视听元素。

（一）影视广告中的声音

1. 人声

人声是指在影视广告中人物所发出的声音，也称为"语言"。人声可分为对白、独白、旁白等几种形式。

（1）对白

对白也称"对话"，是指人物相互之间的交谈。

（2）独白

独白常用于人物幻想、回忆或披露自己心中鲜为人知的秘密，它往往起到深化人物思想和情感的作用。独白有三种情况：一是以自我为交流对象，即"自言自语"；二是对其他剧中人物，如演讲、祈祷等，就属于这种情况；三是对观众。

（3）旁白

一般来说，旁白的画外音解说员都是嗓音富有磁性，语言表演功底深厚的播音员、节目主持人及戏剧、电影演员。他们的解说旁白具备独特的风格，有利于受众的识别、记忆，所以旁白的语气、嗓音、语感、语调、语速及韵味等对影视广告的传播具有一定的号召力。

2. 音效

音效也称"音响"或"动效"，是指画面相配合的除人声和音乐以外的声音。音效有助于提示事物的本质，增加画面的真实感，扩大画面的表现力。

（1）音效的分类

①非话语人声，包括喘息、咳嗽、哭泣、呻吟、啼笑、叹息、嘶哑声等。

②物声包括运作音响、自然音响、背景音响、机械音响、枪炮音响等。

③音效在运用上，可采用将前一镜头的效果延伸到后一个镜头的延伸法，也可以采用画面上未见发声体而先闻其声的预示法，还可采用强化、夸张某种音效的渲染法，以及不同音效效果的交替混合法。

（2）影视广告的音效

对应镜头画面选配的各种动作声音，在影视广告中被称作动效声，它可以增强画面的真实感和视听效果，增强广告的感染力。从技术上分，动效声包括以下三种：

①同期声指与镜头画面时空同步发生的相关声响，如人声、自然声响。

②效果声指从宏观上看，与画面基本合拍的声音，它不一定与画面的动作有精确的对位关系，只是一种背景音，如街道上的嘈杂声、汽车的喇叭声、沙场上的混点声等。

③模拟动效声是指根据画面情节，利用相关器械，由人工模仿出来的某种声音效果，如枪战声、比武打斗声、风声、雨声、雷电声、马蹄声等。

（3）音效使用的原则

①简洁原则，因为一则影视广告片只有短短几十秒，因而音响效果越简洁就越能表现出真切的情感。

②音画结合，抽象通感原则，音效是与画面相配合的，但最好不要与画面重复。例如画面是人物飞奔，音效最好用抽象通感的联想方式予以配合，可以是疾驰的火车声，也可以是急促的秒针嘀嗒声，还可以是风声，但最好不要是脚步声。

③冲击力强原则一般来说，简短、明确、稍显怪异的音效要强于拖拉、冗长、复杂的音效。

3. 音乐

音乐具有丰富的表现功能，是影视广告中不可缺少的重要元素。在影视广告中，音乐已不再属于纯音乐范畴，而成了一种既适应画面内容需要，又保留了自身某些特征与规律的影视音乐。

（1）影视广告中音乐的内涵

由于音乐是通过节奏和旋律以及演员配以歌词演唱的形式表达思想感情的特殊语言，所以它的内涵主要是情感，以情感人，用情感来影响人们的心理和情绪，引发受众的想象和联想。

（2）音乐在影视广告中的作用

音乐对影视广告常起着画龙点睛的效果，给广告配上不同类型的音乐，将会得到不同的效果。

①记忆功能。影视广告的音乐伴随广告反复播出，使听众产生心理条件反射，从而一听到某段音乐就知道是哪个企业或哪种商品的广告。例如很早以前的一则娃哈哈矿泉水的广告中的唱词："我说我的眼里只有你，只有你让我无法忘记"，每当听到或唱起这首轻快的广告歌曲，人们总会不由自主地联系到娃哈哈矿泉水。可是这则广告的选曲有一个失误，就是歌曲的歌词并不能让人们直接联想到娃哈哈矿泉水，带来的后果就是很可能帮他人做嫁衣，虽然广告的传播效果很好，但是人们只会由这则广告歌联想到矿泉水，而把具体的品牌给忘了。

②渲染和烘托气氛。气氛是在一定环境中，给人某种强烈感觉的精神表现或景象，它是人们在某种特定的环境中从事某项活动而产生的强烈感情之外露，是情绪的概括。气氛与情绪是密切相关的。

渲染气氛就是运用声画统一的原则，为画面配上气氛、情绪与之相同的音乐，使画面所展现的气氛得以强调，增加画面的感染力度。

根据广告诉求的产品的特性配上不同风格的音乐，来渲染一种令人愉悦的情境，可以增强广告宣传的色彩。如儿童玩具的广告配以跳跃活泼的旋律，化妆品广告配以轻柔和典雅的曲调，而生活用品的广告配乐显得悠扬清新，大型工业品广告配乐具有浑厚有力的风格。

不同风格的配乐可以创造不同的情境，让听众在配乐和画面共同制造的情境中，产生对产品的兴趣和对广告内容的关注。

③抒发情感。音乐是抽象的艺术，一首乐曲所表达的思想不可能像对话和自然音响等那样与具体声源有着直接而有机的联系，以及像视觉因素那样具体准确地来表现客观的表象。然而它在激起人的心理反应，亦即感情和情绪方面却又是最准确和细腻的。音乐能够精确地表达人们的内心感受与情绪，是用于强调和提高影视作品情感重要的手段，不管是恐惧、爱情、愤怒、哀伤、欢乐或纯真等各种情感，音乐都可以表现。音乐是一股潜在的力量，是一切艺术中最强有力的，是高度激情的艺术，它能够特别深刻有力地影响人们的情感体验。例如，《忆江南家园》这则广告中，在江南的梅雨天，男主角透过雨帘想到了年轻时候无虑的玩耍、懵懂的初恋、母亲的关怀和等待，通过"我等你回来"的歌曲很好地抒发了中年人触景伤怀的情感和对江南故乡深深的思念，如果没有这则歌曲，广告效果将大打折扣。

④控制节奏。影视广告的节奏是由画面和声音共同作用而形成的。画面的节奏一般是指利用镜头之间的时值长短，场面调度和蒙太奇以及镜头之间的色调、光线、色彩和景别的对比变化等手段形成的节奏。而声音的节奏则主要是由人声、音乐和音响三个元素作用完成的。在影视广告中，声音的节奏在绝大多数情况下可以被认为是音乐的节奏。每首音乐都有其内在的节奏，运用到广告作品中与画面配合在一起又会产生新的节奏，因此音乐是影响影视广告的节奏的一个重要因素。如在云南民族村的广告中，正是由一首节奏性强的乐曲和快速剪辑的手法形成了快速跳跃的节奏，传达出一种喜悦活泼的气氛，欢迎着游客的到来。

（二）影视广告中的声画关系

声画关系是指声音与画面在影片中的结合关系。声音和画面是影视艺术视听语言的两大元素，这两大元素既相互独立又相互关联，它们之间的不同配合能够达到不同的艺术效果。声音和画面的结合关系主要有以下几种类型：

1.声画同步

声画同步，也称声画合一或声画同一，是指画面中的视觉形象和它所发出的声音同步配合，画面上有什么声源，就出现什么声音。比如画面上有一只鸟在叫，同时就出现鸟鸣的声音；画面上是汽车行驶，就出现汽车的声音；画面上是人物对话，就有对话的语言声；等等。

2.声画分立

声画分立，又称声画分离，是指画面中的声音与形象不同步、不匹配，声音和发声体不在同一个画面，声音通常是以画外音的形式出现。

声画分立因其内涵量大，在较短的时间里能够完成更多内容的陈述，因此在影视广告中运用广泛。如2013年被广为流传的陈欧体广告的代表篇《聚美优品》画面是年轻人拼搏的故事场景，而画外音完成年轻人的生活感悟。"你只闻到我的香水，却没看到我的汗水；你有你的规则，我有我的选择；你否定我的现在，我决定我的未来……"这条声画分立广告成为一条广为传播的广告，甚至在几年中一直被模仿运用。

3.声画对位

声画对位，是指声音与画面之间在情绪、内容、艺术形象的表述上是相互独立的对比性关系，它们通过差异来达成和谐，是一种对立统一的辩证关系。运用声画对位时，因画面和声音相互对立和对比的关系在影视广告中会起到意想不到的效果，如反讽、强化等。

（三）影视广告片配音规律

1.互易规律

影视广告要素之间的主次关系是随着内容的改变而不断转换的。也就是说，没有永远处于主导地位的要素，也没有永远处于次要地位的要素，根据不同的需要，原来的主导者会退下来成为从属者，原来的从属者会上升为主导者。这就是互易规律。互易规律在客观上能形成一定的节奏，优化广告片的整体诉求效果。

2.分立对位规律

两类要素的对列能产生新的意义，表现比较深刻的思想内容，如图像与语言的对列、图像与音乐、音效的对列、音效与音乐的对列等。在这种表现方法里，两类要素呈现既分立又对位的关系。分立指的是两者分开，按照各自的规律发展；对位是指在各自独立发展的同时，两者要对准位置，有机地结合在一起，形成一种有特殊表现力的协奏形式。

3.听觉的相对完整性规律

人的听觉对于语言和音乐有一种完整性的要求，即希望听到相对完整的内容，否则便有不适感。这种心理现象称为听觉的完整性规律。

4.淡入淡出规律

淡入淡出规律是与上面规律相关的一种配音规律。主体声与非主体声互相易位的时候，为了避免突变而引起听觉上的不适，要采取过渡方法，也就是淡入淡出规律。几种声音不可能同时充当主体，只能轮换充当。轮换的方式有三种：一是此退彼出，即旧的主体声完全退出后，新的主体声才出现。二是此起彼伏，即两种声音本来是同时存在，只是变换一下主次。例如由模特介绍产品时，模特的说话声是主体声，音乐是非主体声，镜头拉开以后，如果说话声音变小，音乐就要扬起。三是前面的声音将退却时，后面的声音渐渐出现，二者有一段重叠的部分。后两种转换都要求前一主体声的音量由大变小，后一主体声的音量由小变大。

第二节　影视广告技术语言——蒙太奇

一、蒙太奇的定义

蒙太奇（Montage）引自法文建筑学中的一个专用名词，意思是把各种不同的材料，根据一个总的计划分别加以处理，把材料安装、组合在一起，构成一个整体。《大英百科全书》的解释是："蒙太奇指的是通过传达作品意图的最佳方式对影视进行的剪辑、剪接以及把曝光的影片组接起来的工作。"①

从1864年杜霍隆对蒙太奇的预言，到20世纪格里菲斯、爱森斯坦和普多夫金的集大成并不断创新，直至当下在影视创作中的广泛运用，迄今已逾百年。蒙太奇的发展过程中，苏联导演库里肖夫、维尔托夫、爱森斯坦和普多夫金都起过重要作用。普多夫金认为蒙太奇的作用主要是组接，即把各个镜头像砖块一样垒加起来，使每个镜头建立在前一个镜头之上以产生整体的意义。这样，意义的表达就不仅仅局限于单个镜头或单调影像，镜头与镜头的组接承担了拼合故事的任务，镜头的组接按照一定的逻辑关系和观众的心理、视觉依据再现影像本身强大的力量，如小说中的冲突和悬念。蒙太奇成为影像意义生成的主要手段，主要指画面与画面的承接，也包括画面与声响、画面与色彩、时间和空间等的组合。

影视广告的视觉艺术语言的基本元素是镜头，在影视广告的制作中，创作者按照广告的诉求创作分镜头，分别拍成许多镜头，然后再按原定创作构思，把不同镜头有机地、艺术地组织、剪辑在一起，使之产生连贯、对比、联想、衬托、悬念等效应，形成快慢不同的节奏，从而组成一部表达一定的思想内容，能被广大观众接受的影视广告。简而言之，蒙太奇就是影视艺术的表现方法，就是连接镜头和镜头的语法。

在电影中，蒙太奇通常会被分为广义蒙太奇与狭义蒙太奇。广义的蒙太奇不仅指镜头画面的组接，也指从影视剧作开始直到作品完成整个过程中艺术家的一种独特的艺术思维方式。狭义蒙太奇更多指的是对于画面、声音、色彩的剪辑运用。

随着影视形态的发展，蒙太奇逐渐成为影视创作最基本的艺术方法和思维方式，是通过对镜头进行有目的、有逻辑地组接，在其间建立联系，从而产生丰富意义的影视创作手法，具体表现为：

首先，蒙太奇作为一种影片的剪辑技巧，是将表演、摄影、造型、声音等

---

① 徐艟，倪莉. 广告策划 [M]. 合肥：合肥工业大学出版社，2011.

按照特定的创作目的和遵循一系列的艺术规则组接在一起，形成连续不断、统一完整的银幕形象。其次，蒙太奇作为影片的基本结构手段和叙述方式，将若干个镜头或场面组合成整部影片，对镜头、场面进行分切与组接或者选择与取舍，从而创造出不同的叙述方式和结构形式。最后，蒙太奇作为一种思维方式是其他艺术所没有的，是影视艺术独特的表现手法和思维方法。蒙太奇不仅体现在后期的剪辑中，也体现在前期的文学剧本和分镜头本的构思、创作中。

二、蒙太奇的分类

纵观蒙太奇发展的历史，许多电影理论家和导演对蒙太奇进行了分类，其中既有对其功能的共通认识，也存在部分观点的分歧，就其实质而言，其实只是分类的标准差异。普多夫金从创作手法的角度将蒙太奇分为对比蒙太奇、平行蒙太奇、隐喻蒙太奇、交叉蒙太奇、复现式蒙太奇五种，电影理论家马赛尔·马尔丹则归纳为叙事蒙太奇、节奏（抒情）蒙太奇和思维蒙太奇三种，爱森斯坦则分为节奏蒙太奇、复调蒙太奇、声画蒙太奇、镜头内部蒙太奇四种[1]。

将蒙太奇分类过多是毫无用处的，因为影视艺术手法在不同的环境之下都有着不同的表现形式，艺术手法是随机应变的，且变化多端，如果刻意将其规范在一定的种类范围里，不仅会影响到艺术手法的创新，也会让艺术失去了灵魂。

目前，有关影视蒙太奇的分类大致可以分为叙事性和表现式两大类。

（一）叙事性的蒙太奇

叙事性的蒙太奇是由许多不同的画面、镜头、场面和声音组合而成的，它主要体现一个完整的时空或构成一个完整的情节。影视艺术中的时间和地点并不是对真实的时空做简单的记录或再现，而是通过一定的需要、条件和一些手段进行重新创造。它是将非真实的时空进行内在逻辑的重新连贯，从而形成一个完整的、逼真的故事。

---

① 吴起.当代电影理论与电影创作思辨 [M].北京：北京希望电子出版社，2001.

叙事性的蒙太奇也称叙述蒙太奇，是比较常见的手法，主要按照事件发展的顺序、逻辑关系、因果关系等来切分及组合镜头、场面和段落，以此引导观众理解影片的内容。叙事性的蒙太奇最显著的特点是剧情故事顺畅、逻辑清晰、明白易懂，又可分为顺叙、倒叙、分叙、插叙等组合形式。

（二）表现式的蒙太奇

表现式的蒙太奇是通过连接时间和空间并构成完整的情节，从而达到表达故事情感、创造情绪的目的。如并列式蒙太奇是将不同空间和相同或不同时间发生的情节并列组接在一起，以达到渲染气氛、强调情节、突出某种意义的目的。而交叉式蒙太奇通常采用频繁交替的表现形式，从而引起悬念，造成紧张激烈的气氛。重复式蒙太奇是让具有一定寓意的镜头和场面或类似的内容在关键时刻反复出现，形成深化主题、强调或呼应、渲染的艺术效果。

随着科技的进步，蒙太奇在影视艺术中运用的表现手段更加多样化，给观众构建起更丰富的观影梦境，更有深度地提升了观众审美思维水平。影视艺术是由众多艺术成分组成的，包括文学、音乐、舞蹈、绘画、戏剧、摄影、雕塑等多种艺术因素，蒙太奇手法的运用有效地将多种不同元素综合在一起。蒙太奇的手法贯穿影视艺术的始终，虽然影视时空是蒙太奇虚构的场景，但是在影片组合过程中，通过运用不同的蒙太奇手法，或平述，或交叉，或隐喻，或建构，使影视艺术产生更丰富的审美效果，呈现出一个比现实更加唯美的梦幻时空。

三、蒙太奇的元素

蒙太奇作为影视美学的重要概念，是影视艺术的基石，影视作品通常需要拍摄很多镜头，这些镜头若不整合就难以理解它的意思。因此需要根据作者的思想进行编辑处理，从而让人理解，甚至让影片产生更新的含义。

蒙太奇在影视画面中的运用，具体表现为各种不同的组合方式。根据镜头的类型，主要包括不同景别镜头的组合、不同角度镜头的组合、不同长度镜头的组合、不同运动方式镜头的组合及其组合之间的镜头衔接。影视作品中蒙太奇的运用一般会结合诸多影视的艺术要素进行，包括视听元素、表意元素等。

蒙太奇的构成元素，应包括一切视听造型元素，如光线、色彩、镜头、图像、景别、特效等，以及一切表意元素，如文字、图形、解说、符号、音响、音乐等。蒙太奇系统中视听造型元素、表意元素的组合遵循一定的逻辑与艺术规律。

经过多样处理以后的镜头，也会产生不同的艺术效果，加之降格、升格等手法的运用，还带来种种不同的艺术效果。根据拍摄时所用的时间不同，又产生了长镜头和短镜头，镜头的长短也会造成不同的效果。在连接镜头场面和段落时，根据不同的变化幅度、不同的节奏和不同的情绪需要，可以选择使用不同的连接方法，例如淡、化、划、切、推、拉等。拍摄什么样的镜头，将什么样的镜头排列在一起，用什么样的方法连接排列在一起的镜头，蒙太奇是影片摄制者解决这一系列问题的方法和手段。如果说画面和音响是影视导演与观众交流的"语汇"，那么，把画面、音响构成镜头和用镜头的组接来构成影片的规律所运用的蒙太奇手段，那就是导演的"语法"了。

蒙太奇是一种用来表达意境的存在，蒙太奇所具有的这种含蓄的美，不仅能够传达思想，还能够让观众触景生情，触发观众的审美情感。影视蒙太奇通常会将人们所看到的景物与尚未看到的景物衔接起来，把时空顺序打乱，将过去、现在和将来融合在一起进行对比式的展现，虚实结合，让观众的情绪被充分地调动起来。在现代科技的发展中，以往单线讲述的剧情和平铺直叙的手法，显然已经无法满足观众的审美需求，蒙太奇的创新运用显然更符合这种新的审美观。电影中出现的大量蒙太奇因为其中所蕴含的快节奏方式与运动叙述形式，更符合当下的快节奏生活方式。影片创作者通过这种蒙太奇手法，让影片的叙事更加鲜活而多变，这种手法也让电影创作者的想象展现得淋漓尽致，让当下的观影者获得更加全面的视听感受。

四、蒙太奇的形式

（一）平行蒙太奇

平行蒙太奇是指在一个蒙太奇段落里，分头叙述不同时空或同时异地发生的两条及以上的情节线。平行蒙太奇打破了单一情节线索的约束，几条线索并行表现，既可以省略过程，又可以使线索之间互相烘托、形成对比，易于产生强烈的艺术感染力。

平行蒙太奇的作用在于它可以自由灵活地展现更为广阔的时空结构，多层次多侧面地观察一个事物或事件的状态和发展，揭示事物之间的内在联系。例如《钢铁侠3》：一边是曼达林处决人质的直播，一边是总统团队在飞机上处理这一紧急事件，双方的剧情状况平行发展，但又不交叉出现，最后统一在一场矛盾中，既不失情节感，又条理清晰。

（二）连续式蒙太奇

连续式蒙太奇以一条情节线索和一个连贯动作的连续出现为主要内容，镜头的组接以情节和动作的连贯性和逻辑因果关系为依据。这种蒙太奇叙述手法可以表现出脉络清晰、条理分明的故事情节，容易被观众所接受和理解。例如，Sony Net MD 的影视广告，广告片以故事的形式，根据情节和动作的发展进行剪辑，段落与段落之间转场连贯，表现了在斗舞比赛中 Sony Net MD 的高速传输给舞者带来的便捷性和灵感。再如，影片《偷天换日》：门锁脱落（大特写）—查理开门（近景）—抬头仰视（远景）—走进去（中景），影片按照人的视觉心理习惯安排镜头，叙述流畅，简单易懂，无一不在说明主人公的活动状态。

（三）重复式蒙太奇

重复式蒙太奇让具有一定寓意的镜头在关键时刻反复出现，以达到刻画人物、深化主题的目的。例如，影片《007大破量子危机》：重复出现玻璃碎片中的手枪特写，一定程度上代表了邦德的主观视角，让观众心理十分紧张。

（四）积累式蒙太奇

积累式蒙太奇将若干性质相同的镜头并列地组接在一起，以达到渲染气氛、强调情节、突出某种含义的目的。积累式蒙太奇的特点是不强调镜头之间在时间、空间上的联系，而注重镜头的同一类型性——画面内容具有共同的性质特点，镜头造型在景别和运动状态上基本一致。

积累式蒙太奇还可以通过多个同质或异质事物的积累来表现思想，给观众一个总体印象和较深的感受。例如，影片《守望者》：通过老一辈超级英雄的一系列英勇事迹的曝光镜头，以慢动作来表现英雄们过去的辉煌和荣耀，这一段放在片头，以几个缓慢的镜头来铺垫故事的前提和背景，言简意赅，却令人陷入无限的幻想中——关于他们的过去、关于他们的故事……

（五）对比式蒙太奇

对比式蒙太奇将两种性质、内容或造型形式相反的镜头组接在一起，利用它们之间的冲突造成强烈的对比，从而达到表达某种寓意或强化所表现的内容、情绪、思想的目的。对比蒙太奇还可以用来强调事物之间的差异，通过对立因素的对列，使两者的差别更加明显，从而给观众造成一种视觉上的震惊感。例如，影片《守望者》：同样身为超级英雄，一个为国效力，受到肯尼迪总统接见，另一个则频频制造恐怖事件，刺杀了肯尼迪，画面反差强烈、令人深思。

（六）隐喻蒙太奇

隐喻蒙太奇通过镜头或场面的对列进行类比，含蓄而形象地表达创作者的某种寓意。这种蒙太奇手法是靠观众的想象来发挥作用的，它用暗示的手法来组接两个镜头，以达到用一个镜头的内容比喻影射、引申另一个镜头的含义的目的。

（七）抒情蒙太奇

抒情蒙太奇是在保证叙事和描写的连贯性的同时，表现超越剧情之上的思想和情感的一种表现方法，是营造影片诗意的一种手法。最常见、最易被观众感受到的抒情蒙太奇，往往是在一段叙事场面之后，恰当地切入象征情绪感的空镜头。例如，影片《007大破量子危机》：雪夜里，邦德了却了与死去爱人的情缘，将项链丢在雪地上，M夫人回头望着离去的邦德，邦德目光坚毅，静静地离开了这份本不该有的思念。

（八）交叉式蒙太奇

交叉式蒙太奇是描写人物心理的重要手段，它通过镜头组接或声画的有机结合，形象生动地展示人物的内心世界，即将同一时间、不同空间内容的镜头交叉组接起来，从而营造紧张的气氛，造成惊险的戏剧效果。交叉式蒙太奇常用于表现人物的梦境、回忆、闪念、幻觉、遐想、思索等精神活动。这种蒙太奇在剪接技巧上多采用交叉穿插手法，其特点是画面和声音形象的片段性、叙述的不连贯性和节奏的跳跃性，声画形象带有剧中人强烈的主观性。例如，影片《偷天换日》：在罗布和天才驾驶汽艇引开保安争取时间的同时，查理一伙正在紧锣密鼓地破保险柜，两处行动的镜头来回交错，从而使剧情显得十分紧张、情节紧凑、极具动感。

五、蒙太奇在影视广告中的作用

在影视广告文案的创作中应有呈现广告信息的构思方法，这是一种更具体的形象思维的方式，是蒙太奇思维结合广告主体或内容意念的具体化转换。

在分镜头稿本的创作中要体现影视广告的基本结构和叙事方式，包括镜头、场面和段落的安排，以及广告内容组合的全部设计。在影视广告的后期制作中指声画合成的方法和剪辑的技巧，这种方法和技巧应有更富于创意力度和刺激能量的趋向。

影视广告蒙太奇是得到了影视技术的支持而蓬勃发展的极完美形式的组合方法与分割，影视广告的创作过程充分利用了蒙太奇的手法，作为一种剪辑技巧或者是创作手段，蒙太奇在影视广告中发挥着巨大的作用。

由于影视广告具有篇幅小、时间短的特性，每一个镜头在影视广告中都力求精简，对创作和剪辑也有着极高的要求。蒙太奇是影视广告特有的叙述方式，作为影视广告构成的基本特征，也是构成影视广告的重要元素，它在影视广告中的重要作用可以简要概括为以下五点：

（一）取舍素材，概括主题

英国纪录电影学派的创始人格里尔逊认为："应该如实地对生活的真实世界

进行拍摄，但在创作中为了诠释生活的更深层次的含义，应该对真实生活的细节镜头进行重新组织。"[①] 在创作过程中可以对素材进行取舍和选择，通过段落、场面和镜头的组接与分切，留下最能揭示主题的素材，删除那些多余、烦琐的部分。而影视广告作为极其鲜明的视觉艺术语言形式，把声画精练的程度推向了极致，那些优质广告的取舍和概括就颇具韵味。

（二）吸引受众，激发联想

通过蒙太奇连接镜头进而激发联想，启迪思考。这种方式不仅有利于观众理解影视广告的内容，而且有助于增加观众的参与感，引发观众对影视广告的兴趣。运用各种技术手段表现联想、回忆、沉思、共鸣等内容，可使作为视觉艺术语言的蒙太奇在观者内心里更加深入，使影视广告呈现的信息更好地传达。

（三）融合信息，创造时空

蒙太奇的应用使影视时空变得无限宽广，艺术地呈现广告信息变得容易。不同的镜头在不同的时空被异化、隐喻、对比、转换等，体现广告信息的同时也创造了新的含义。作为视觉艺术语言的蒙太奇可以揭示各种物象之间的关系，这意味着它可以表现现实生活中的各种实体以及非实体的内容。影视广告蒙太奇可以把广告信息和主观体验精准糅合，重新呈现广告内容的各种信息，创造出一个全新的广告体验世界。

（四）形成节奏，愉悦心理

节奏是一种特别的旋律，是影视广告最重要的表现元素之一，它可以从镜头的转换组接、角度选取、景别控制、色彩组合、影像形态等造型变换，完美呈现信息。影视广告的节奏应该有轻重缓急，有紧张快慢之分，一则优秀的影视广告是张弛有度的，有能让人舒缓心情的节奏，也有能让人神经紧绷的节奏。

节奏不只要根据内容需求来确定，而且还要参考拍摄主体的速度和摄影的方式，它不仅牵涉了广告长度，而且包括画面的造型。影视广告的节奏如同情

---

① 史纲.媒介进化视阈下的当代影像艺术形态研究 [D].西安：西安美术学院，2022.

节的脉搏，将广告的形式和内容进行整合，渲染气氛，升华感情，进而使观众在获得信息的同时得到情绪和心理上的愉悦。

（五）构成意境，诠释抽象

影视广告也是一种蒙太奇的意境化视觉艺术。蒙太奇可以通过各种组构方式将看似闲散的镜头进行逻辑连接，形成一种感觉化的视听构成，表达一个创意完整的意象。同样，蒙太奇对抽象理念的诠释也呈现出一种多样嬗变与随机附和的特征。利用蒙太奇的技法对相同的镜头进行不同的组接，将会构成不同的画面效果，带来不同的诠释表达。

蒙太奇是影视艺术特有的叙事方式，是影视广告艺术通向成功的桥梁，影视广告创作离不开蒙太奇语言的运用。若没有蒙太奇语言就无法构成一则完整的影视广告，摒弃了影视艺术中这一最为重要的要素，影视广告也就失去了其应有的特征而无法获得相应的艺术效果。

第三节　影视广告的拍摄

影视广告的拍摄不同于其他影视作品，在海量的广告中，只有能够提供独特的视觉审美享受、令人耳目一新的影视广告才能吸引受众的注意，激发人们收看的兴趣。一条好的影视广告一定要有强烈的视像控制意识，通过完美的视听语言符号将广告内容，广告所传达的信息有效地传达出去。受众在强烈视听震撼中接受接受广告讯息，并成为其价值公众。所以一个优秀的摄像师，能利用画面完美表现广告创意是创作优秀影视广告的必要条件。

一、前期准备工作

成功的影视广告离不开充分的前期准备工作，其中包括组建得力的摄制团队、制订广告拍摄计划、召开沟通会议、最后完成拍摄准备工作。

（一）组建摄制组

影视广告的拍摄离不开一个技术全面、配合默契的制作团队，因此影视广告的拍摄制作和电影、电视剧一样，需要先成立起一个摄制组，然后由摄制组负责完成整个拍摄工作。摄制组通常由以下人员组成：

1. 制片主任

制片主任是影视广告整个拍摄制作过程的组织者和拍摄费用、开支预算以及后勤工作的管理者，他为导演筹划、安排着拍摄过程中的所有相应事务性的工作。制片主任也是整个拍摄工作中业务最为繁多的一个岗位。

2. 导演

导演是影视广告片整个拍摄工作中的总指挥。从摄影、录音、灯光等摄制组专业人员的选用，到拍摄场地的挑选，以及后期剪辑工作的指导等等都要由他来负责安排策划。在拍摄时要由导演来指挥广告片中的人与物，也就是模特与产品的演示和展现，同时要精巧地对广告品牌特色和作品风格给予准确把握，力争把产品以形、声俱佳的形式生动形象地诉诸消费者，使消费者能在观看该广告作品之后对广告中所诉求的产品留下一个较深印象。导演团队中设有副导演、助理导演、场记等协助导演完成相关的工作。

3. 摄影师

摄影师是一则影视广告拍摄中影视图像艺术的主要执行者，是摄制组里的主要创作人员。他的主要任务是将导演审定的分镜头效果图中的内容用画面艺术形式生动地表现出来。摄影师的工作开始于摄制组成立之后的效果图定型阶段。其后，摄影师要根据导演的总体构想和产品的品牌特点来确定画面艺术创作风格与表现基调，以及在广告中对产品的具体表现手法等。一则广告片的正式拍摄阶段则是摄影师用自己所掌握的镜头语言，来实践其整个艺术设想的过程。在摄影师团队中，还包括灯光师和灯光助理。灯光师在摄影中起着重要的作用。他主要工作是根据导演和摄影师的原创意图与拍摄时的技术要求，负责拍摄现场的布光与电源测试，并随时对灯光做细微的调整与更改，使广告片中的艺术效果达到一个最佳表现状态。

4. 美术师

美术师是一则广告片拍摄制作过程中的艺术指导。除了场景设计与布景绘制外，还要统筹并负责置景、道具、化妆、服装等工作。美术师团队人员工作比较繁杂，可分别细化为置景师、道具师、服装师、化妆师等。

5. 音响师

音响师要按照脚本的描述和导演的指示，模拟拍摄现场出现的各种声音和音响，如风声、雨声、雷声、火车声、炒菜声等多种声音，并负责现场录音，或按导演要求随时播放录音等。

（二）制订拍摄计划

首先，当摄制组承接了某一影视广告的拍摄工作后，他们第一步的工作就是组织拍摄人员对创意广告脚本或故事板进行分析、研究和探讨。了解广告的主题、分析广告表现的难点，并制订出广告拍摄的具体计划或方案。对广告脚本的研究十分重要。即使广告创意非常好，如果没能有效地把它表现出来，也是徒劳无功。在分析、讨论的过程中，如果有些问题不清楚，就必须向策划者询问，与之商讨，直至明白无误。其次，是将影视广告的创意编写成分镜头脚本和适合导演拍摄的脚本。

1. 分镜头脚本

分镜头脚本通常是由导演在影视广告文学剧本的基础上运用蒙太奇思维和蒙太奇技巧进行的再创作。

2. 导演拍摄脚本（导演台本）

导演拍摄脚本亦称"导演摄制工作台本"，是导演案头工作的集中表现，是将广告片的分镜头脚本转换成可以拍摄的镜头画面的一种剧本。

3. 从分镜头脚本到导演拍摄脚本

分镜头脚本是从创意文案向视觉形象表现转换的过程，它的目的是用图片来表达创意，所以画面比较概念化。而导演拍摄脚本则是为拍摄准备的指导性文件，它包含了拍摄制作中所用到的表现手段和技巧要点，是拍摄制作的工作指南。

一般而言，分镜头脚本应该由广告公司提供，也有广告公司只提供脚本说明，由制片公司的美工师来完成分镜头脚本的绘制工作。

从分镜头脚本到导演拍摄脚本，是完成从影视广告创意到影视广告制作的重要阶段。

导演阐述脚本和导演拍摄脚本可为下一步的筹备拍摄前的制作沟通做好充分准备。

（三）摄制前沟通会

PPM（pre-production meeting）会议，也称摄制前会议，是每个影视广告制作公司必须进行的重要工作环节，是以合理的预算和有效的方法制作高质量影视广告为主题的会议。

1. 参加会议的人员

参加会议的人员一般包括广告公司的代表，客户代表，摄制组成员。

2. 会议要解决的问题

会议上，制作公司要事先准备一份 PPT 将所要表述的内容进行展示：导演分镜头脚本，影片影调及画面，阐述场景设计图，实际拍摄的场景提案，影调的设计，音乐小样审看，美术阐述人物造型设计，旁白文案确认，男女演员发型、化妆、服装的资料图片，摄制日程表，参考演员的照片及试镜录像带，主要道具的照片或实物，产品样本，制作预算估价单，外景地照片及录像带，外景拍摄地点，天气预报及当地与拍摄相关的其他资料。

（四）拍摄前的准备工作

当创意完全确认并获准进入拍摄阶段时，广告公司会将创意的文案、画面说明及提案交给客户，创作的故事板呈递给合适的制作公司（可能不止一家），注明广告片的长度、规格、交片日期、目的、任务、情节、创意点、气氛和禁忌等，作必要的书面说明，以帮助制作公司理解该广告片的创意背景、目标对象、创意原点及表现风格等。同时要求制作公司在限定的时间里呈递估价和制作日程表以供选择。

1. 估价

当制作公司收到脚本说明之后，制作公司会就自己对创意的理解预估合适的制作方案及相应的价格呈报给广告公司，供广告公司及广告客户确认。一般而言，一份合理的估价应包括拍摄准备、拍摄器材、拍摄场地、拍摄置景、拍摄道具、拍摄服装、摄制组（导演、制片、摄影师、灯光师、美术、化妆师、服装师、造型师、演员等）、电力、转磁、音乐、剪辑、特技、二维及三维制作、配音及合成等制作费，制作公司利润、税金等，并附制作日程表，甚至可以包含具体的选择方案。

2. 客户确认

由广告公司将制作公司的估价呈报给客户，当客户确认后，由客户、广告公司、制作公司签订具体的制作合同。然后，根据合同和最后确认的制作日程表，制作公司会在规定的时间内准备接下来的第一次制作准备会（PPM1）。

3. 拍摄前准备

在此期间，制作公司将就制作脚本、导演阐述、灯光影调、音乐样本、勘景、布景方案、演员试镜、演员造型、道具、服装等有关广告片拍摄的所有细节部分进行全面的准备工作，以寻求将广告创意呈现为广告影片的最佳方式。

4. 第一次制作准备会

在制作准备会（PPM1）上，将由制作公司就广告影片拍摄中的各个细节向客户及广告公司呈报，并说明理由。通常制作公司会提报不止一套的制作脚本、导演阐述、灯光影调、音乐样本、勘景、布景方案、演员试镜、演员造型、道具、服装等有关广告片拍摄的所有细节部分供客户和广告公司选择，最终一一确认，作为之后拍片的基础依据。如果某些部分在此次会议上无法确认，则（在时间允许的前提下）安排另一次制作准备会（PPM2）直到最终确认。

5. 第二次制作准备会

经过再一次的准备，就第一次制作准备会（PPM1）上未能确认的部分，制作公司将提报新的准备方案，供客户及广告公司确认，如果全部确认，则不再召开最终制作准备会（Final PPM），否则（在时间允许的前提下）再安排另一次制作准备会直到最终确认。

6. 最终制作准备会

这是最后的制作准备会，为了不影响整个拍片计划的进行，就未能确认的所有方面，客户、广告公司和制作公司必须协商出可以执行的方案，待三方确认后，作为之后拍片的基础依据。

7. 拍片前最后检查

在进入正式拍摄之前，制作公司的制片人员对最终制作准备会上确定的各个细节，进行最后的确认和检视，以杜绝任何细节在拍片现场发生状况，确保广告片的拍摄完全按照计划顺利执行。

二、影视广告的拍摄器材

影视广告选择什么样的器材进行拍摄在 PPM 会议上应该早就落实到位了，因为这两种拍摄的影视广告成本相差很大，当然拍摄出来的效果也有所不同。

（一）胶片拍摄

食品广告、化妆品广告、汽车广告最适合用胶片来拍摄。

拍摄这种广告时，导演和摄影师可能需要花上好几个小时准备一个景别的灯光。一般来说，有影片拍摄灯光经验的人比录像带的灯光技师更懂得打特写镜头的灯光。此外，在拍食物或化妆品的大特写镜头时，胶片对灯光的微妙变化比录像带更敏感。如果能够巧妙使用布光技巧，则拍摄出的广告作品更形象逼真，更容易得到消费者的认可。所以，用胶片拍摄食物广告能引起人们的食欲感。

同时，胶片亦适合拍摄水底世界、跳伞、快速动作及遥远的外景等。这不仅是因为拍摄胶片用的电影摄影机及其附属设备比摄像机技术含量要高，而且使用胶片来记录的画面质量也更好。

另外还有需单格摄影的广告宜使用胶片拍摄。单格摄影是指一次拍摄一格画面，在格与格之间调整被摄物体的一种拍摄技巧。影视广告有很多拍摄技巧，如快速动作、高空飞下等通常都是用这一方法来完成的，这种拍摄讲求非常精确的摄影手法与技巧，而这种拍摄一般只能用胶片拍摄才能达到预期效果。

下面两种广告片也适宜于用胶片拍摄：

1. 手绘动画广告宜用胶片拍摄

因为胶片拍摄手绘动画时能非常逼真地表现出手绘动画的原创意图。

2. 必须花很长时间剪辑的广告宜用胶片拍摄

这种广告片用胶片拍摄后在剪辑过程中对每一格画面的处理上要显得方便许多。

另外，使用蒙太奇效果来表现其品牌创意的广告适合由单独一位剪辑师用一架非电脑化的设备来进行剪辑，因此要用胶片拍摄。

现在数码摄像技术虽然已越来越普及，但电影胶片制作的影视广告仍有其不可替代的价值。电影胶片记录画面的优越性仍然是影视摄像机所达不到的。比如，电影感光胶片的颗粒已达到每平方米 3 亿粒以上，用它拍出的图像清晰度很高；而影视摄像即使是最好的摄录设备，每帧画面的电子扫描行数也只能达到 1350 行左右，再加上录像每播放、复制一次，图像、声音质量等多种因素都有损耗，从而大大降低了清晰度。另外，各国影视录像设备的制式、型号多种多样，所以用磁带制作的影视广告在世界各国进行统一广告发布时常常会遇到困难：必须经过翻录，而这样做的结果是信号又会受到一次损失，质量再一次降低。而广告主是不愿看到代表自己形象的影视广告在各地电视台播放时出现信号差或粗糙的现象，所以他们一般愿意采用 16mm 或 35mm 电影胶片制作影视广告，然后由底片直接转成磁带，再进行后期制作和媒体播放。

（二）数字摄像拍摄

讲求现场感的广告最好用数字摄像拍摄。同时，数字摄像机也适合拍真人访问式广告，因为摄像机对灯光的要求不像胶片那么严格，所以在拍摄现场就不必为了摆设灯光而有太多的变动。

（三）胶片与录像带比较

人们对胶片拍的画面有一种难以言喻的认可观感，这种特殊的观感与眼睛看东西时的速度有关。我们知道，放映机是以 24 格 / 秒的速度连续投射实际上是静止的画面。这种速度正好符合人眼接受刺激的速度。它的原理和电视稍有不同，所以影片给人的视觉感觉跟录像带给人的视觉感觉也就不大一样。同时，胶片具有很高的清晰度（1400 线 / 每画格），其内容可以转录到任何未来的视讯传输器具里，包括解像度最高的影视系统上。所以无论现在还是将来，胶片最重要的特点就是对光非常敏感，能精确地再生出很多视觉信息，画面层次非常丰富。

录像带的最大优势是不用冲洗就能即时播放，同时，摄像机可以在很暗或很亮的地方拍摄。其摄像过程是利用电子原理而非化学原理，因此录像带在后期非线性编辑时能借助电脑创造出声光奇特的影视效果来。

三、影视广告的拍摄技巧与原则

拍摄影视广告虽然大多借助的是电影拍摄的设备与技术，但作为一个相对独立的领域又有其独特性，所以拍摄影视广告与拍摄电影并不是一回事。这种区别主要体现在拍摄观念上的不同，以及表现手法的不同。这在长期的实践中，人们越来越深地体会到，只有充分重视它的独特性，才能创作出更好的影视广告。

（一）摄影技巧

1. 固定拍摄

顾名思义，固定拍摄就是将电影摄影机和其支撑体固定在一个确定好的地点，以固定的角度和方向进行拍摄。这种拍摄方式的特点是由于摄影机和支撑体是固定好的，所以拍摄出来的镜头画面非常稳定、清晰，不会出现抖动的现象。这种固定拍摄，摄影机虽然是固定的，但仍可以在拍摄的方向、位置、角度的关系上进行各种变化，充分发挥其摄影技巧。

如在拍摄方向上，可正拍，也可侧拍等；在位置的变化中，有远景、中景、近景和特写等；从角度上，可仰拍，也可俯拍等。不过这种摄影方式，不管使用怎样的技巧，其摄影效果从整体上看显得呆板、不灵活。

2. 运动拍摄

运动拍摄是指摄影机在拍摄的过程中，不断地变动摄影机的方向、位置和角度。这种拍摄方式的特点是镜头画面中的背景或前景位置不断地变化。用这种拍摄方式拍摄出来的镜头动感十足，使影片充满新鲜的空间感和自由感。但运用不恰当，也会影响影片的节奏，破坏视觉效果，甚至产生和内容含义相反的画面，出现程度不同的抖动等问题。所以运动镜头一定要与广告创意的内容结合起来，考虑好镜头的许多相关因素，如节奏、气氛、方向等。因此，必须对所拍摄的景物做到心中有数，排除不必要的画面景物，尤其在紧跟角色做运动拍摄时，必须始终保持画面的完整和饱满。应注意准确到位的运动拍摄。可以事先多试验几次运动拍摄的感觉，甚至利用电脑辅助设备来完成，防止犹豫不决的运动摄影。要注意在跟摄人物运动时，必须在画面中的人物停止活动之前，把摄影机运动停止下来，这样才可以使观众去注意镜头的运动。对运动拍摄的起幅、落幅，在画面构图以及前后镜头的衔接上要保持画面的平衡和完整。在移动拍摄时为了增加运动拍摄的速度感，要充分利用画面的前景，如一些花草树木等静止的物体。

常用的运动拍摄的技巧有以下几种：

（1）摇摄

摇摄是指在拍摄一个镜头的过程中，摄影机位置不动，只有机身做上下、左右、旋转等运动。

摇摄的方向可与运动体的方向相同，也可以相反。画面均能呈现出动态构图，以逐一展示、逐渐扩展事物，如环境、规模、人物内心世界、人物情绪与气氛等，从而获得多种艺术效果。

摇摄形式有：全景摇摄，即连续的全景摇摄，它能展示一些静态的对象，如群山、建筑、树木等；间歇摇摄，它可以把观众注意力引向场景中的某一角色；快速摇摄，也称为甩摇，即甩镜头，这种镜头可以连接同一时间不同地点发生的同一件事件，在甩摇的过程中，画面还可能出现短暂的虚像。快速摇摄的方式很多，有旋转的闪摇；有起幅而无落幅的闪摇；从左到右，又从右到左的闪摇；上下闪摇；斜线闪摇；等等。但不管采用何种方式甩摇，起幅画面或落幅画面都要稳定。

（2）移动摄影

移动摄影也称为"移"，是指摄影机随着支撑体沿水平方向做多方向移动进行拍摄。被摄体呈静态时，摄影机移动，使景物从画面中依次划过，造成巡视或展示的视觉效果；被摄体呈动态时，移动摄影形成跟随的视觉效果，随被摄体方向移动还可以营造特定的情绪和气氛。在影视广告中经常使用这一方式。

移动摄影主要是借助于铺设移动轨或其他移动工具，如飞机、火车、汽车、船只等。还可使用斯坦尼康人工移动拍摄。

在移动摄影时应注意：一是要平稳，匀速移动，不要抖动；二是利用前景造成动感；三是落幅准确。

（3）升降摄影

升降摄影也称"升降"，是指整个摄影机作上下运动拍摄。这是一种多视点表现场景和空间的运动拍摄方式。其升降变化有：垂直升降、弧线升降、斜线升降和不规则升降等。在升降拍摄时也要注意"稳""匀""准"的原则，以及前景的利用。大幅度的升降可运用如直升机、电梯、吊车等设备。利用电脑控制的升降摇臂效果更佳，它可实现许多特技功能。

（4）特殊摄影

特殊摄影有别于普通摄影和特技摄影。一是摄影机特殊，如高速摄影机、水下摄影机等；二是拍摄手段特殊，如延时摄影、间歇摄影等；三是光源特殊，如红外线摄影、紫外线摄影、X光摄影等；四是拍摄对象特殊，如显微摄影、微距摄影等。

①航空摄影。航空摄影简称"航拍"，是借助飞行器在空中拍摄，如飞机、飞艇、热气球等。航空摄影可以创造出宏大的气势、辽阔的视野、自由的感觉等独特的效果，在影视广告中经常使用。

在实际操作中，通常是使用直升机来完成航拍任务。直升机具有体积较小、起降灵活、可以悬停、可超低空飞行及在山沟峡谷中穿行等优点。当然，也存在一些问题，如航程较短、抖动大，一般要加装稳定器才能拍摄，低空航拍时旋转产生的向下气流强大，有时会影响到被摄主体。难以用变焦镜头拍摄，故通常用广角镜拍摄，让飞机靠近被摄体实现近景拍摄，但难度较大。一般直升机只能在机身侧面拍摄（专用航拍直升机可向前、向下及两侧拍摄），有一定的限制。

为了解决直升机航拍最大的问题——抖动，还有其他一些方法，如改用大型固定翼飞机、飞艇或热气球；将电影摄影机转速升格至32~48格/秒或更高的频率下拍摄等。

航拍时还要解决很多问题。为了减少高空的蓝色，可用雷登85B滤色镜；若飞机朝一个方向飞行，可用偏振光滤色镜来改善反差。此外，还有顺光俯拍时飞机的投影，地面表演区与机上联络、安全问题及气象，空管等问题。

②水下摄影。水下摄影是指摄影师潜入水下，通过水介质拍摄水中的物体。首先是纺水问题，通常是水下摄影机来拍摄。其次是水的折射作用，因此会产生折射现象，引起散焦、色差、慧差和枕形失真。若有必要，可安装穹形聚光镜来改善这种现象。

在水下看物体有放大的作用，水下放大率为33.33%，改变了真实的比例。因此，最好用广角镜来拍摄。

（5）特技摄影

特技摄影是指用一些特殊的摄影技巧的方法。在摄影阶段，有许多通过改变技术方面的手法，可以达到一些特殊的效果，如倒拍、停机再拍、逐格摄影、升格、降格等；还可以使用模型、绘画、图片、抠像合成、活动遮片、拉片等。

①停机再拍。在选定某一场景画面时，先将摄影机固定在某一位置与方向，然后对被摄体进行拍摄，根据内容的要求停止拍摄。接着将场景中的物体移走或移入，或作必要的变更、调整、重组等。之后重新开机拍摄。

②抠像合成。抠像合成也称活动遮片或蓝背景法。在拍摄角色时，用蓝色做拍摄背景（被拍摄物不能有蓝色），然后单独拍摄别的画面来替代原来的蓝背景，最后使角色出现在单独拍摄的画面里。

具体工作步骤：一是素材准备，根据需要的背景画面（录像、图片、模型等），预留好前景中要插入画面人物的位置。二是选择好背景，拍摄角色时的背景，即准备要抠掉的范围。通常蓝色居多（别的色彩都可以），注意角色的色彩不能与背景相同，否则一同会被抠掉。照明要均匀，不然会出现毛边。三是抠像合成，去掉角色的蓝色背景，将没有背景的角色与素材作为背景合成，形成合二为一的新组合。

③模型摄影。模型摄影即用模型来代替实景拍摄的方法。既可以假乱真，又能节约成本或代替实景中无法达到的效果。

（二）摄影的操作原则

1. 平

摄影机（画面）要求保持水平，不能倾斜（特殊要求的除外），否则画面中的垂直物体会出现倾斜，如地平线、建筑物、树木等，不符合常态。尤其是在手持摄影机时，容易出现这种情况。

2. 稳

摄影机在移动中不晃不抖。如果出现抖动，会使观众看起来很难受，甚至误解其内容。

3. 准

在拍摄时画面构图、起幅和落幅，要准确无误，不要有所犹豫。

4. 匀

无论是摄影机的外部运动还是镜头内部运动，都要保持运动的均匀。不要忽快忽慢，突然改变运动状态。为了实现这一目的，既可以采取借助外在设备来改善，也可以使用一些方法来实现。如稳定器、适当推迟停机等。

5. 变

由于影视广告的特性所致，要求多视角、多时空、多属性、多状态的变化拍摄，以达到在短时间内多传达信息。

第六章　影视广告的后期制作

本章对影视广告的后期制作进行了介绍，主要从四个方面进行了阐述，分别是影视广告的剪辑、影视广告的后期合成、3D 软件的应用以及影视广告的音频制作。

第一节　剪辑

一、后期剪辑的基本原则方法

影视后期剪辑作为影视制作重要的一个环节，在整个影视制作过程中扮演着举足轻重的角色。影视的节奏、风格、表现力和感染力很大一部分取决于后期的剪辑，因此后期剪辑在整个影视广告制作中的意义也就不言而喻了。

总之，通过影视后期剪辑，为的就是将影视作品最终组合成一部叙事结构严谨、叙事语言流畅、叙事节奏明快，并能够逼真、贴切地反映生活、传达情感的有血有肉的艺术作品。这个最终目的的达到，与后期剪辑的工作是密不可分的。

（一）找准剪接点

1. 动作剪接点

所谓动作剪接点是以人物形体动作为基础，以具体剧情和人物在特定情境中的行为（情绪、节奏）为依据，结合实际人体运动规律所选择出的连接镜头的剪接点。当要对一个人物动作使用分解法进行剪辑时，镜头之间的动作剪接点的选择准确与否直接决定了剪辑后的流畅程度。

动作剪接点的把握首先需要对人物动作的运动规律有一个准确的了解。一个人物动作看似连续不间断的运动过程中，实际上是存在一个短暂的停顿，这瞬间的暂停虽不明显，但是其存在恰恰就为我们剪接点的选择提供了一个重要的参照和标准，并保证了由此点分切、连接后的镜头在动作上的流畅性。在具体剪辑中，以一个动作对应两个分镜头为例，前一个镜头的剪接点应该在中间暂停彻底结束处，后一个镜头的剪接点应该在暂停结束后运动开始处。当然，这只是一般常规的剪接点确立方法，当人物动作建立在某种情绪基础之上，比如愤怒、生气等，这个时候为了强化动作的运动幅度，以匹配相应的情绪，剪接点会在原有的基础之上做部分改动，如后一个镜头剪接点省略部分时间，再退后几帧，这样衔接起来的动作跨度就比较大，力度感当然也就更强，和情绪的呼应也就更好。

2. 情绪剪接点

情绪剪接点是对与心理活动密切相关的动作、表情等画面造型的取舍点。影视中为了突出、贴切地表现某种情绪、情感和心理活动，往往在某一人物动作、表情等画面造型上留用更长的时间，以符合情感、意蕴的延伸。如表现一个人物看到难忘的情景后的表情镜头，会留用比常规叙事镜头更长的时间，尽管此时画面中没有语言、动作，但是心理活动仍然是很丰富的，情绪也在不断延伸，这时如果镜头留用时间太短，就很难将人物的情绪表现到位。因此，情绪剪接点是一种更难把握的剪辑能力，它的选择取决于剪辑人员对剧情、人物以及影视主旨的精确把握和理解，需要经过长时间的实践探索、思考才能逐渐领悟这种内在剪辑规律。

3. 节奏剪接点

节奏剪接点的使用更多地体现在声画组合中，特别是在有配乐的影视段落中。影视广告由于时长的限制，叙事、表现手段有限，所以也特别重视音乐在广告中的表现作用，那么节奏剪接点的选择在影视广告的剪辑中也就成为一种很普遍的剪辑方法。

4. 声音剪接点

声音剪接点主要包括对白剪辑和音乐剪辑两方面的内容。对白剪辑体现为声画同时切换和声画交错切换两种方式，前者比较传统，后者则比较生动、自然。

声画同时切换又有两种具体的类型。一种是两个镜头声画同时切换，并且在前一镜头声音结束后和后一镜头声音开始前都留有一定的声音空白时段，传统的聊天以及会议发言场景常用此种声音剪辑方式。另外一种是两个镜头声画同时切换，前一镜头声音结束后立即切出，后一镜头声音开始前仍然保留一段声音空白，这种剪辑方式比前一种更加灵活、生动。前一镜头讲话完毕后，后一镜头是先有人物的反应，而后是对白，是现在影视对白剪辑中较为普遍的一种处理方式。

声画交错切换也存在两种不同的类型。一种是前镜头的画面结束切出后，声音不切出，而是延伸到后镜头画面切入开始后，经过这段声音延伸时段后，后一镜头的声音再开始切入。另外一种是前一镜头的声音结束切出后，画面不切出，而是延伸到后一镜头声音切入开始后，经过这段画面延伸时段后，后镜头的画面再开始切入。这两种交错切换的方式较之声画同时切换显得更加灵活、自然，是现在最为普遍的一种对白剪辑方式。

当然，我们在此仅仅列举了具体的剪接点不同的选择类型。具体的剪接点位置需要根据剧情、情绪、节奏等诸多方面的因素不同做出不同的剪辑处理。

声音剪接点当然还包括音乐剪接点，这类剪接点的选择主要是根据乐曲的旋律、节奏等基本要素确定合适的剪接位置，比如将一首歌曲剪短，就可能需要去掉一部分，如何在剪掉一部分乐曲之后，依然保证乐曲的流畅性，并且没有破绽，就务必要精确地定位剪接点位置。这就需要在剪接的过程当中反复实验、推敲，当然如果非常熟悉这种剪辑，并有着很好的乐感，剪辑这类对象应该会比较顺手。一个很好的方法是，在一般的后期剪辑软件中，音频轨道上都可以将音频片段的音频波形显示模式打开，有了这种可视的音频波形参照，剪辑的过程中也许会相对容易一些。

（二）正确处理时空

影视中的空间不同于现实世界的空间，现实世界的空间是一个客观、明确的空间，因为人可以动态地观察所处的空间环境，以此作出始终如一的准确定位与判断。而影视中的空间是通过蒙太奇的方式创造的空间，对于这一空间的理解判断有赖于对镜头语法的把握和运用是否得当。为了保证影视中始终明确统一的空间关系，无论是在前期拍摄阶段还是后期剪辑阶段，都要根据轴线原理进行适当的镜头调度和镜头组接。

1. 轴线的类型

轴线可以分为关系轴线、运动轴线、视线轴线三种类型。这三种轴线都是影视拍摄和剪辑过程中最常见的轴线类型，如果在机位调度和后期镜头剪辑中出现违背这三种轴线原理的情况，会造成空间表达的混乱和误区，这种问题我们把它叫作"跳轴"。轴线原理要求机位都要保持在轴线一侧180°的范围内，以此来保持方向的始终统一。比如要表现一辆车始终朝向画面的左侧前进，那就要保持所有表现车的镜头都在180°的范围之内，超出180°的范围，车的运动方向就变成了向右；要表现两个人面对面的交流，轴线内的机位调度与剪辑会始终保持一人在左、视线朝右，一人在右、视线朝左的面对面的空间关系，如果硬插进一个轴线外的机位，原来的左右及朝向关系马上就会因为反转造成空间混淆。

2. 轴线剪接原理

轴线原理要求一组镜头的调度与剪接要始终保持在轴线一侧180的范围内，如果一组镜头中其中一个镜头在没有任何铺垫和过渡的情况下跳出这个180°的范围，那整个这一组镜头对于空间的表现就会出现混淆。为了避免这个问题，我们通过简单地总结、归纳，将轴线的机位调度方式整理为"三角形原理"。

3. 合理越轴

轴线原理的180°范围，并不是要求所有镜头都要局限在这个范围之内，有时根据一些具体的表现需要，机位会适时跳出原来180°的范围，从一个新的角度进行表现。合理的越轴不仅增强了对于空间的立体、全方位展示，更能加强影片的表现力。但是在机位跳出 180° 的范围之前，是需要有必要的铺垫的。

4. 轴线的特殊情况

轴线也存在诸多比较复杂的情况，比如一个多人对话的场景中，由于人物不是两个，而是四五个，甚至更多，那么轴线就存在多条，这时通过对于轴线的把握合理完成机位调度与组接就变得尤为重要。

5. 影视作品中的"跳轴"

常规叙事中是不允许跳轴的，但是影视作为一门艺术，很多原理、方法都有相对性。在某些特殊的情况下，为了达到特殊的艺术表现效果，有时导演会刻意突破常规语法的限制，通过一种反常规的方式去表现一些主题或者情绪。

轴线原理也不是绝对的公式，根据具体的表现需要，影视创作过程中随时会有一些突破常规的应用，我们要理解、把握轴线原理，保证影视对于空间的准确反映和表现，但是也不能将其绝对化。

（三）合理运用逻辑

合乎情理、富有戏剧性的逻辑是影视叙事的两个基本要求，剪辑同样也要遵循这两个原则，通过镜头安排，使得叙事合乎生活的正常规律，从而说服观众，又能体现出一定的戏剧性，通过跌宕起伏、饶有趣味的镜头剪辑感染观众，引起观众的关注。

二、后期剪辑技巧

根据影视作品及影视广告中不同的镜头剪辑手法，我们将剪辑技巧大致分为两种基本类型，即结构性剪辑、心理性剪辑。

（一）结构性剪辑

结构性在人们日常的观察、感受与思维中具有普遍和先验的地位。任何一种形都是一种空间结构；任何一种声音都是一种波形结构；形与形之间的大小、高下、虚实等各种关系，都会产生更大的空间结构；声音与声音之间的高低强弱、音色、节奏等，都会产生各种各样的旋律结构及时间结构；在视听艺术中，声音与画面的同步、对位、分立等，又会产生丰富的时空结构与叙事结构；我们在欣赏艺术作品时，又会体验到或是紧张、或是含蓄等各种各样的情感结构。

1. 复线嵌套

复线嵌套，即通过段落之间的"勾结"、牵制和互动，整体上架构起强烈的悬念。一般是将上一段落中"悬而未决"的一个情节元素嵌入下一段落的发展主线中，通过两者之间的各种关系制造悬念、强化冲突。

2. 顺向强化

顺向强化，即顺着情节发展的自然趋势，不断补充某些结构要素的能量，使既定的情绪或情感向同一方向累积、强化。也就是通过对各种元素的并列的、趋向一致的整体结构安排来达到强化的效果。这种强化、张扬和强调本身就能创造一种扑面而来之势，从而产生强烈的艺术震撼力和感染力。对于情绪、情感的张扬和强化表现，能创造一种强烈的临场感和紧张感，从而使观众在这种情绪的渐进中逐步参与其中，受到一种强烈气势的感染，这在电影的镜头剪辑中也是一种惯常模式，表现方式多种多样。

（1）景别渐进强化

景别渐进强化是指通过镜头景别的逐渐变化，从而达到对人的某种情绪的强调表现。这种方式可以使观众逐步进入主人公的内心世界，从而使得人物情绪的张扬表现对观众产生巨大的冲击之势。

（2）空间指向性强化

空间指向性强化是指对于某事物的强调表现，进而通过这种事物去传达某种情绪或情感。空间指向强化通过组接各个镜头中人物的眼神、手势以及运动方向等具备明确指向性的视觉信息的镜头，整体完成对某一事物的指向强化，从而通过对这一事物的突出表现去传达情绪、情感。

（3）交叉强化

交叉强化是通过两个或多个时空场景的交替叙述，从而在对比和交互的关系中进一步去强化情绪、情感，也就是蒙太奇中的交叉蒙太奇。

（4）速度强化

这里的速度指的是镜头的剪接速度，即通过镜头剪接速度的逐渐加快来完成情绪的渲染和张扬。随着镜头剪接的加快，镜头以越来越快的频率和速度在观众面前闪现，很自然就通过这种速度的强化来达到了对情绪的强化表现。

3. 对比落差

对比落差，即利用两个元素之间的对比关系造成落差，通过相反的方面更加衬托被表现物，从而达到反向强化的效果。对比越明显，落差越大，所产生的艺术表现效果也就愈加强烈。

4. 省略

通过对某种信息的特殊省略处理，以一种不完整的结构反而能更为简约、凝练地达到突出表现的效果。正是因为它的"不见"、它的"无"，反而调动起了观众的欣赏兴趣。电影剪辑中会通过镜头的省略，反而达到对人物或者事件的简约并且强调的表现，这种省略主要表现在时间上的缺省和空间上的缺省。

5. 非线逻辑

这种镜头剪辑结构的处理方式就是要打破常规叙事的线性时序，通过反常规叙事的镜头剪辑方式来加强戏剧效果。影视广告由于时间一般非常短，想要呈现完整的叙事框架和逻辑是很困难的，广告中更多的是一些片段性的叙事场景，这一特点就决定了影视广告在叙事策略选择上的特殊性，非线性逻辑也就成为影视广告比较常用的叙事和剪辑手法。

6. 先叙事，后点题

先叙事、后点题的结构方式，即在一组镜头剪辑的末尾点明主题，以使得剧情在最后豁然开朗，留有余味。

影视广告对主题的呈现讲究的是创意，新颖独特的主题呈现方式更加容易感染观众，使观众印象深刻，并且回味无穷。"先叙事，后点题"的剪辑方式恰恰契合了这一创作要求，通过常规的叙事为广告奠定一个看似平凡、波澜不惊的"叙事"基调，最后又通过出其不意的"点题"一下子将广告的独特创意、新颖主题和盘托出，在一瞬间给观众以强烈的共鸣和冲击，从而强化广告效应。

7. 修饰扩展

修饰扩展指的是运用不同角度、不同细节等多组镜头对一个主体或主题进行修饰性表现，使得主体或者主题在一系列的修饰结构中被表现得丰满、生动、更加有意义。

（二）心理性剪辑

在影视作品剪辑中，除了外在叙事结构方面的剪辑方法外，还有诸多直接运用内在心理层面的剪辑方法，这种剪辑方法使得欣赏者调动内心想象直接参与，激起各种各样的心理变化和情感体验，这就是心理性剪辑。虽然结构性剪辑同样多与心理有关，但这里所说的心理性剪辑是相对于结构性剪辑而言，是指直接调动观众心理反应的剪辑方法。

1. 完形式

这是基于对作品中某形象的不完整表现，引发欣赏者的心理参与，从而使作品的意义在欣赏者的补充和想象层面得以丰富和完善。

2. 隐喻式

通过镜头中的可视形象来达到对某个事物、事件，或是某种思想、精神等的象征或者是暗示性表现，从而使观众在对这一隐喻的感知中产生联想。

3. 惯性式

由于心理上的常规惯性思维，而使得欣赏者具备了一种思维定式，即使打破这种常规，欣赏者也会在这种惯性思维的作用下产生某种心理预期。

三、影视广告剪辑注意事项

（一）主题突出、简洁明快

影视广告的剪辑特点是镜头蒙太奇传达的意图要明确有力、诉求明确，忌含糊不清、模棱两可。凡是干扰主题的元素一律剪掉，不要拖泥带水。有时我们一想到这个镜头是下了很大功夫才拍摄出来的，会不忍心剪掉，但这是不正确的，凡是干扰主题诉求的镜头画面，该舍弃的就得毫不犹豫地舍弃。广告的篇幅很短，通常只有几秒、十几秒，长者也不过一两分钟，可谓"寸秒寸金"，因此我们必须清楚每一个镜头画面都承载着广告对消费者的诉求。

（二）节奏与产品（品牌）个性的呼应

广告的剪辑节奏要与产品的内在个性相吻合，如果产品的风格偏重抒情、打感情牌，那么广告的节奏也应该舒缓些。如果产品的定位年轻时尚、充满活力，那么剪辑的画面转换就应该快一些，利用动态镜头的快切强调明显的节奏感。

（三）强化广告记忆点

剪辑出的广告再怎么美轮美奂，也不能证明这就是一支成功的广告。广告剪辑的目的不是创作艺术作品，而是要形成自己的风格，形成强烈的视觉冲击力和听觉记忆点，在同类产品中脱颖而出，这样才能对营销起到一定的推动作用。剪辑师不但要对画面有敏锐的洞察力，更要能对镜头素材的入点、出点进行精确的剪辑，甚至精确到帧（多几帧少几帧都会影响镜头传达的思想内涵，也许那个精彩的记忆点就在那几帧画面里）。此外，剪辑师还要具备对音乐的理解和把控能力，什么时候出现什么样的音乐风格、什么时候调整音乐节奏，这些，剪辑师都要做到心中有数。画面和音乐恰到好处的完美呈现可以形成强烈的记忆点，有时仅凭这一个闪光点，就可以让整支广告片给观众留下深刻的印象。

第二节　后期合成

本书所说的影视后期合成指特效合成，指将 3D 特效元素和实拍元素合成，制作出最终的效果画面。特效合成的关键是科学的流程，流程的规范合理是确保画面质量的关键。后期合成对合成师的技术要求和经验要求都较高。特效合成离不开合成软件，下面就对合成软件的功能特点做一个简单的介绍：

一、后期合成常用软件

合成软件是基于两种思维模式设计开发的：节点式编辑模式和层级式编辑模式，这两种模式各有自己的特点和优势。

目前，国内市场上应用较为广泛的影视合成软件有以下几种：Adobe 公司旗下的 After Effects 以及电影合成软件 Fusion Studio 和 Nuke。

Nuke 和 Fusion Studio 属于节点式编辑模式，每个项目的效果都对应着一个节点命令，一部影片好似在一条流水线上，经过这些节点的处理后最终出炉成片。但要完成一个后期合成项目，可能不止一条流水线，有的流水线侧重抠像、有的侧重调色、有的侧重镜头跟踪、有的侧重 3D 场景合成，它们最终汇集到一个节点上，输出渲染，完成成片。

节点式编辑模式的好处在于项目结构清晰、易于管理，如果哪处需要调整直接调整其中那个节点就可以了，无须改动其他元素。比如，如果觉得色彩不适合要调整，那就调整色彩节点的参数；如果觉得抠像有问题，那就调整抠像节点。这些节点的修改效果会直接传输到最终渲染的节点上，直接影响最终的输出效果，在合成编辑的逻辑上非常科学高效。

节点式编辑软件在 3D 合成功能上拥有独立的 3D 合成系统，可以导入外部 3D 模型，也可在其 3D 系统中创建物体和场景元素，这套强大的系统能处理数百万 Polygon 多边形，同时拥有自己的材质、贴图、灯光、摄影机等完善的 3D 合成环境。

After Effects 属于层级式编辑模式，层本身可以单独做特效，层与层之间不同形式的合成关系可以通过蒙版处理、叠加特效处理或一键抠像处理来实现。层级式编辑模式不同于节点式编辑模式，它完全基于类似 Photoshop 的层级理念，而这种层级理念得到了大多数特效合成师的认可，它易于上手，而且直观明了。After Effect 3D 合成功能配备有 Cinema 4D 实时 3D 管道，能实现真正意义上的 3D 环境操作。

以上两种编辑模式的理念虽然不尽相同，但功能都非常强大，它们之间没有高低之分，只是哪种流程和操作方式更适合的问题，这才是我们需要思考、决定的问题。

二、软件间的差异化定位

好多刚接触后期制作的广告设计者会把剪辑软件和合成软件搞混，它们都是后期软件，功能之间也有交叉重叠，但分工侧重点不同。Premiere（简称PR）含有 AE 的部分功能，Final Cut Pro X（简称 FCPX）增加了越来越多的后期合成元素，插件种类也逐渐增多，SONY Vegas 兼有更多的后期合成功能，有将剪辑与合成完全集于一身的趋势。凡是旗下有非编加合成软件的公司，比如 Adobe 公司，它们一般不会"手足相残"，大力强化 PR 的剪辑功能，不会过多地增加 PR 的合成功能而削弱 AE 的优势。Blackmagic Design 公司旗下的 DaVincir solve 软件偏重调色剪辑，而 Fusion Studio 偏重特效合成，它们整合到一起的目的就是优势互补，将整体功能做到极致。苹果公司旗下目前只有 FCPX 这款重量级软件，虽然它定位于剪辑软件，但其特效合成功能的比重越来越大，显然是在全面提升软件综合竞争优势。同样，SONY Vegas 这款软件不仅拥有传统意义上的非编软件的功能，其合成功能更加专业。此外，FCPX 和 Sony Vegas 还拥有一些特效插件，能轻松处理大多数特效。

之所以阐述以上知识，目的是希望广告设计师们根据自身的发展状况在学习软件时作出明智的选择。人的精力是有限的，在有限的时间内我们不可能做到精通所有的后期软件，能熟练掌握所有主流后期制作软件固然最好，可是有几个人能做得到呢？这势必会让我们面临选择和进行取舍。

三、抠像的普遍性应用

随着 CG 技术的不断成熟，广告拍摄中抠像所占的比重也越来越大。抠像技术的普遍应用大大拓展了创意人员的想象空间，促使广告的表现形式更加个性化、多样化。下面我们讲一下抠像需要注意的几个事项。在蓝背景、绿背景中进行动态抠像需要注意什么?

（一）前期拍摄的硬件要求

在室内如果有条件,背景最好用蓝箱和绿箱。这样的背景很平整,不会出现褶皱。如果在户外拍摄,只好用蓝幕布或绿幕布,要选用表面不反光的涤棉混纺布,以最大限度地减少褶皱。

（二）抠像原则

拍摄期间一定要保证被摄物体的周围背景平整、颜色纯净、物体运动的最大范围内没有其他干扰因素,比如灯光的投影或严重的褶皱。另外,运动物体要与背景保持一定的距离,以防背景的颜色映射到被摄物体的表面,给后期抠像带来麻烦。

后期抠像时,先用 Mask 笔尖工具将目标运动物体圈选出来,做动态蒙版跟踪,蒙版始终跟住目标物体;然后通过一键抠像将运动物体的背景抠掉。或者先抠像,再用 Mask 笔尖工具将多余的背景圈选掉。这样做就可以集中精力精细地抠掉目标物体周围的背景颜色,把无关的因素排除掉。

（三）高速运动物体的抠像

高速运动物体会形成拖尾效应,高速旋转物体的边缘会形成影像残留,从而给后期抠像造成非常大的麻烦。比如花样滑冰运动员,由于他们转速过快,会形成严重的影像残留,在后期抠像时物体边缘根本无法抠干净,即使逐帧抠像也无法解决边缘残留问题,导致抠像画面无法使用。为了解决这一问题,可以用升格拍摄高速运动物体,根据运动速度的快慢来确定升多少格数（记下升格数）,完成后期抠像后,再恢复初始的高速运动状态,

（四）烟雾、玻璃、水珠的抠像

在处理烟雾这类半透明物质的抠像时,除了正常一键抠像外,还要精细地处理被抠像物体的边缘羽化,这一点很关键。玻璃、水珠这类物质不但透明,

还具有反射、折射的特点，因而拍摄时要控制反射和折射的范围和布光方式，高光区不宜过大，尽量将中间色保留得多一些。抠像时主要保留其材质特征，其他地方可以忽略。

总之，抠像的目的是合成，因此边缘处理时要结合背景元素，随时调整、查看边缘与背景的融合程度，尽量在中等明度或暗背景下合成。高亮背景处理不好会形成生硬的边缘痕迹，因而要处理好毛发或线条琐碎的边缘，景深效果中的这些边缘都必须精细地处理。

四、影视调色的规律和方法

目前，市场上的主流调色软件为 DaVinci Resolve、SpeedGrade、Apple Color、Autodesk Lustre 这几款，它们虽然各有侧重，但功能大同小异，都是针对不同的受光区域进行调色、跟踪调色、色键选择调色以及预置调色模块等。人们心中有一些固有的色彩观念，如电影色彩（胶片色彩）、MV 色彩、纪录片色彩等。这些都是从感官上来定义的。无论什么色彩类型，都离不开其自身特有的规律。下面我们就介绍一下调色的基本规律：

（一）画面曝光

影片调色不同于平面调色。一部影片有若干个镜头，因而调色前首先要将在同样环境下拍摄的素材曝光范围调整到一致。专业级的调色软件都具备后期校正曝光参数的功能，从而使基础影调达到一致。如果我们拍摄的是 RAW 格式的素材，万一发现有曝光不足或曝光过度的现象，建议在 Camera Raw 栏中调整基础曝光参数，尽量不要在一级调色轮或一级校色条中调整，这样才能保证最终输出画面的质量。

（二）调色的顺序

针对初始影像画面，先不要急于调整整体的冷暖调性，建议先调整每个画面的黑电平和白电平：黑电平触底，白电平接近上限值。将明暗关系、对比度、色彩饱和度调整到最佳状态，然后再通过二级调色调整拍摄的主体画面和背景画面之间的色彩关系，让主体突出、背景弱化，让某些元素强化、某些元素弱化，同时将杂乱的色彩统一归类到整体光线系统下；将这些都调整完之后，再统一所有画面的冷暖调性。

（三）色彩示波器

示波器是调色的重要参考工具，我们可以通过不同的示波器图形和参数来判断图像的色彩信息。示波器通过数据精确地告诉我们合理的范围值，以便我们根据不同的项目满足调色的不同需求。在这里，我们以 Speed Grade 调色软件为例（不同的软件，调色的功能和原理基本相同）讲解示波器的用法。

1. 矢量示波器

矢量示波器显示色彩倾向、色彩饱和度的分布图。如果中心图形非常小，说明画面饱和度非常低，趋近于黑白色；如果整个图形的位置偏移至红黄区域，说明整体画面偏暖调性；如果图形的位置偏移至蓝紫区域，说明整体画面偏冷调性。

2. 综合示波器

综合示波器由红绿蓝三色组成，其中包含几项信息：影像明暗、色彩倾向。在调整 Offset、Gamma、Gain 三项数值时，综合示波器上的图形会发生相应的变化。如果画面有色彩倾向，比如影像基调偏红色，那么红色条会向上移动，其他色条会向下移动。调整影像明暗时的情形也是如此：画面越亮，色彩条越接近于顶部；越暗，则越接近于底部。顶部和底部都有一个色彩相对安全值 0～100，向上或向下超出这个数值就进入了危险区域。当然，不是绝对不可以超出，而是要根据我们所要达到的效果看超出多少，超出过多就会出问题，比如造成饱和度过高、画面过亮或过暗等问题。

3. 方形示波器

方形示波器的边缘类似山峰状，不同区域的色彩分布比例不同，顶部属于亮部区域，方形示波器的边缘类似山峰状，不同区域的色彩分布比例不同，顶部属于亮部区域，如果此区域红色比例较大，说明亮部偏红；如果底部蓝色较多，说明暗部色彩偏蓝。遵循这个规律，适当增加或减少亮部、中间调以及暗部的色彩分配比例，即可满足色彩分布的这个规律；适当增加或减少亮部、中间调以及暗部的色彩分配比例，即可满足色彩分布的需求。

4. 中间调的处理和暗部细节

色彩是一种感觉，调色的重点其实就是处理中间调，色彩信息也大部分集中在中间调这个区域，中间调决定着调色的成败。因此，调色过程中可以将示波器中间区域的色条稍微拉长，将丰富的中间调层次感表现出来，同时在处理暗部细节时将 Gamma 值亮度稍微提高些，使暗部看上去比较通透、不闷。只要将这两部分细节处理好，整个影片就会达到令人满意的效果。

5. 跟踪调色

专业级调色软件都具备跟踪调色这个功能，我们拍摄的画面基本上都是动态影像，在处理某个局部色彩时，不可能像 Photoshop 处理单帧照片那么方便，尤其在整体色彩比较相近的情况下，只有动态跟踪调色才能解决这个问题。

调色时，选定所要调整的目标色彩区域，设定选择区域的路径动画，在跟踪过程中要随时调整蒙版的大小以适应目标范围。这里要注意两点：其一，在变速情况下，视频快慢转折节点上的关键帧设置最好采用手动跟踪来完成，根据画面的速率和节奏手动设置动画关键帧。其二，如果调色主体前有移动的障碍物遮挡，可以避开障碍物，分两个阶段跟踪，障碍物前作为第一阶段，障碍物后作为第二阶段。

6. 关于 LUTS

LUTS 最初源于电影胶片，由于电影胶片偏色，调色师在后期调色时需要判断所调的色彩和银幕上放映的色彩是否一致，这时就需要一个色板查找表来进行色彩转换。比如调翠绿色，那么对照色板查找表上给出的 RGB 数值，根据这个数值就可以知道最终呈现在银幕上的是哪种绿色，从而确保调出的颜色和银幕上的颜色一致。这个查找表就称为 LUTS。

自胶片退出市场后，进入数字摄影时代，工程师将 LUTS 的概念应用到了摄影机出厂设置上，不同的摄影机生产厂家会对外公布一个自家产品的 LUTS，调色师在后期将拍摄的偏灰色画面加上 LUTS 就会还原成正常色彩的画面。专业调色软件都可以提供主流摄影机厂家的 LUTS，比如 ARRI、RED、Black magic Design、SONY、Canon 等。

后期调色时，凡彩色图像都需要加载 3DLUTS，因为只有 3DLUTS 才含有 RGB 色彩元素。如果只调整黑白图像（调整亮度对比度），则只需加载 1DLUTS 就可以了。随着后期 3D 特效制作在影视广告制作中所占的比重越来越大，初学者很有必要了解 3D 制作的规律和要点，以便在今后的实际操作中做出正确的判断和定位。

第三节 3D 软件的应用

3D 领域有五大主流制作软件，其中两款是 Autodesk 公司出品的 3DsMAX、MAYA，另三款是 Cinema4D、Houdini、Lightwave3D。要想掌握一款 3D 制作软件，首先要熟练掌握以下这几个模块：建模、贴图、材质、灯光、摄影机、动画、粒子特效、动力学特效、脚本语言和渲染。

一、建模

3D 建模大体分为 Polygon 建模和 NUBRS 建模，Polygon 又称为多边形建模，大部分模型都采用这种方式制作。Polygon 建模将点线合并，合理布线，对面进行挤压和缩放，从而通过操作模型的点、线、面进行形体塑造，操作起来很容易上手。NUBURS 建模又称曲面建模，基本应用在工业产品模型制作上，比如汽车流线型车体或电吹风、熨斗等具有曲面形态的物体。针对上述特征，使用者在面对不同模型特征时可以采用适合的方式建模。

二、材质贴图

针对不同类型的对象，要整体考虑材质贴图的制作方案，但有些同学经常将材质和贴图混淆起来。材质指物体本身的质感属性，比如玻璃材质、大理石材质、金属材质、木纹材质、皮肤材质等。在属性上又分为双面材质、混合材质、透明材质等。贴图则是贴在材质上的图。贴图可以模仿各种材质效果，也可以用作单纯图案，比如在金属材质上打印 Logo，就可以通过贴图来实现。贴图在属性上也分为凹凸贴图、反射贴图、折射贴图、高光贴图、透明贴图、法线贴图、程序贴图等。因此，要想制作出逼真的效果，我们就必须在制作物体时考虑材质和贴图的组合运用。

三、灯光设置

3D 软件中的灯光设置与现场拍摄的布光原理如出一辙，也大体遵循主光源、辅助光源、环境光、轮廓光的布光原则。如果特别要求逆光效果，则需要减弱环境光、增强主光。遵循以最少的灯光达到最佳效果的原则。3D 空间的灯光布置不受任何障碍物的限制，在现实中更具灵活性。但要注意一点：布光之前一定要将摄影机设置好，灯光围绕摄影机来布置，根据摄影机的拍摄视角、构图、与拍摄对象的距离以及镜头焦段决定灯光的布置方式。灯光设置也会间接影响最终的渲染设置。

四、摄影机设置

3D 软件中的摄影机分为两种：一种是普通摄影机，另一种是物理摄影机。如果用 Vray 渲染，可以选择 Vray 摄影机。物理摄影机的参数设置非常接近现场拍摄用的摄影机，同样有镜头、光圈、快门参数，而且能产生与实拍相同的景深关系，其运动方式分为关键帧动画和路径动画。关键帧动画是将摄影机的不同位置记录成动画形式，而路径动画则将摄影机放在指定好的路径上运动，调整路径节点即可改变摄影机的运动方向。

如果想设置摄影机的变速运动，则需要在摄影机运动曲线面板中调整曲线形态和关键帧间距，如果对调整运动曲线不是十分有把握，还可以将摄影机动画从头至尾设置成匀速运动，最后将渲染输出的文件在合成软件里做变速运动。

（一）粒子特效

粒子特效包括刚体、柔体破碎、流体、爆炸、火焰、烟火、融合变形等，除了 3D 软件本身的粒子特效外，还有第三方插件。在合成软件里也有很多粒子特效，比如模拟真实的雨、雪。因此，同学们要对整个粒子特效属性有大体的了解，然后根据不同项目的要求确定是用 3D 软件制作粒子还是用后期合成制作粒子。无论选择什么制作方式，都以达到最终满意效果为目的。

很多后期软件中的粒子特效比 3D 软件自带的粒子特效调试起来更加便利。为了节省时间、提高制作效率，能在后期软件中解决的就不在 3D 软件里制作。当然，有一些特殊的粒子特效通过后期软件无法完成，必须要专业的 3D 特效软件来制作，比如 Houdini、Maya、RealFlow 这类软件和插件，因此我们要根据项目特点和要求来选择适合的制作方式。

（二）动力学

动力学是 3D 软件特有的功能，主要用来模拟物体在现实生活中的自然运动形态，比如风吹拂窗帘飘动、落在地上的皮球反弹衰减、汽车碰撞、玻璃碎裂、海浪拍打岸边等，涉及诸多动力学属性，包括重力、摩擦力、反弹力、风力等，也包含一些材质变化属性，比如水、火山熔岩、液体以及黏液的流动等。动力学需要反复测试才能达到预期的效果，参数之间互相影响，需要整体协调调整。

（三）3D 生态场景制作

3D 生态场景也称为 3D 虚拟场景生态系统，它将大气环境、光照、山脉、树木等元素组合在环境中，通过对各种天气属性的参数设置模拟出真实的自然环境。例如，VUE 这类软件可以随机生成不同形态的地形，通过地形编辑器创建大自然中的各种地貌，如高原、盆地、丘陵、山地、冰川等，其时间节点设置非常人性化，用户只需输入具体日期、时间，比如输入某年某月某日某时，软件生成的光照环境、大气环境就会和现实生活中的完全相同，非常接近真实的自然形态。

五、渲染

3D 软件的渲染其实就是指渲染效果的真实性，能否在最短时间内达到最真实的效果是衡量一款软件的渲染能力是否优秀的指标，当然这也离不开 CPU、显卡、显存以及硬件的支持。硬件配置的高低对渲染速度有很大的影响，因此目前渲染器分为两类：一种是基于 CPU 开发的渲染器，比如 Vray、Arnold 渲染器，这类渲染器采用离线渲染模式；另一种是基于 GPU 开发的渲染器，比如 Redshift 这类渲染器，这类渲染器采用实时渲染模式，明显快于 CPU 渲染器，不过后者对显卡和显存配置的要求更高。从渲染原理上讲，CPU 渲染器的算法比较接近真实世界光线的传播，完全按照现实光线的传递方法去呈现周围事物，再渲染到材质上面，渲染结果非常精确。而 GPU 渲染器的实时渲染则依赖显卡和显存的利用率，更消耗显卡的资源，它会把周围的环境烘焙成一张反射贴图直接贴在物体表面，因此这个算法效果好、速度快。不过，两种渲染模式正日趋融合，最终目的是在最短的时间内渲染出高质量的影像。Vray 也在开发 GPU 渲染器，目前 Vray GPU 渲染器也得到了广泛的认可，应用得越来越广泛。

第四节　音频制作

一、声音设计

随着广告制作品质的提升，音乐、同期声、音效、编曲在广告后期制作中的地位也越来越高。广告进入后期制作阶段后，导演通过语言描述将自己对广告音乐表现的设想传达给音乐制作者，但即使音乐制作者提供了音乐参考样片，其结果往往也会有出入，在音乐效果方面常常不尽如人意。由于这种问题在当前的广告制作领域非常普遍，所以声音设计非常关键，要尽量避免出现上述在沟通和创作上的问题。

音乐制作者首先要与导演沟通拍摄素材，然后绘制声音图，详细标注音效声及环境声，比如哪个地方是声音的高潮、哪个地方需要静音、哪个地方的声音要设计情绪提示、哪个地方需要转折、整体节奏如何。这些都需要以图形图表的方式标注出来，然后音乐制作者根据这张图，再结合导演的要求创作相关音乐、编曲、作曲、制作音效等。

二、影视广告人声的编辑

影视广告中的人声剪辑是依据人声的内容和形式来定的，人声的起始、速度都会对剪辑有一定的影响。在剪辑的时候，主要考虑两个方面的因素：一是人声在推动广告情节、进行情节解释说明、进行情感抒发方面的功能；二是人声和画面的组合意义。

（一）人声剪辑点的组成

影视广告中的人声剪辑主要包括解说和对白。一般而言，剪辑点的划分主要是按照"镜头成组，声音成段"[①]的原则，以此保证画面和声音的连续和完整。

在广告的剪辑过程中，解说往往会贯穿从头到尾，而解说又时常是以画外音的形式来出现的，促使广告完整表达，不少广告根本不需要人物对白，解说就是一篇完整的推销文章，文字能够起到独立的表意功能。一般解说词中的句读往往就是剪辑点，有时人物的对白就在画面当中。对白的剪辑点和解说词的剪辑点有一定的区别，对白的剪辑点要根据人物关系、情节发展、事理说明来选择。

（二）人声剪辑点的剪辑手法

1.人物对话平剪法

人物对话平剪法适用于声音和画面同时出现与切换。主要分为以下几种平剪手法：

（1）时空舒缓法

当前面一个镜头的声音结束后，声音和画面之间留有一定的空白；在后面

① 杨泯萱.影视艺术视听语言语法规则和美学规律研究 [M]. 北京：海洋出版社，2022.

一个镜头切入时，声音和画面之间也留有一定的空白。两个镜头之间要根据人物的正常对话情绪来选择剪辑，如果人物之间出现正常的聊天，节奏较为舒缓，则采用时空舒缓法。

（2）情绪呼应法

当前一个镜头结束时，声音和画面切出，后一个镜头的声音和画面还有一定的空白，后一个镜头根据情节的需要来选择人声的剪辑点。比如，广告中经常会出现人物对话的场面，前一个人物说话结束后，镜头就会直接移到对方的脸部反应，此时观众应该先看到另外一个人物的脸部反应，然后再听到对方的语言。

（3）内容紧凑法

当前一个镜头结束时，声音和画面切出，后一个镜头的声音和画面立刻切入进来。如果情节中出现双方的争吵，则使用内容紧凑法比较合适。

2. 人物对话串剪法

人物对话串剪法适用于声音和画面交错出现，切入或切出。

（1）拖声法

在影视广告当中，如果前一个镜头的画面切出，其相应的声音延续到后面一个镜头，这样使得前一个镜头所表现的情绪或者营造的气氛不会因为镜头的转换中断，而会连贯并充分地发挥出来，保证前一个镜头的尾音完整。

（2）捅声法

在影视广告当中，如果前一个镜头的画面切出，在切出以前，后一个镜头的声音已经出现在前一个镜头的画面当中了。这种未见其人、先闻其声的剪辑方法能够引起观众对画面的猜测和预感。

人物对话串剪法在影视广告人物对话中经常会用到，在确定剪辑点以后，主要还是要从内容出发、并充分结合人物对话内容、画面构图等，这样的人物对话串剪法能够保持对话的畅快、活泼，形成较为合理的影视广告对话效果。

采用何种剪辑方法，要根据具体的情况而定，早期的影视广告完全就是平剪法，谁说话，镜头就对着谁，随着影视广告语言的丰富，如今的广告更强调信息量和表达的丰富，这也是符合当今拍摄技术日益进步的规律的。

三、影视广告音效的编辑

在影视广告的制作当中，音效本身是用来增强画面的真实感、促使画面更具有表现力的。在日常的音响编辑当中，方法主要为以下几种：

（一）同步法（平剪法）

音响和画面的声音同时出现或消失就是音响同步，同步法在影视广告编辑中用得较多，也比较简单，在画面剪辑时，促使画面和音响保持一致即可。

（二）提前法（捅声法）

镜头中有时出现后面的镜头音响在前一个镜头快结束时出现，这也是为了提示后面的镜头内容，提醒观众注意往后看。

（三）滞后法（拖声法）

前一个镜头的声音向后进行延伸，使得前一个镜头的音响声不会因为镜头的结束而结束，而是会得到更大的发挥。

（四）混合法

如果前后两个镜头都是有音响的，每个镜头的音响都会延伸到下一个镜头，和下一个镜头的音响混合，以此保证整体的音响质量。

（五）特写法

将音效进行夸大，起到渲染气氛的作用，这个和特写镜头的效果是类似的。

（六）分立法

在声画本来毫无关系的情况下，将声画进行结合，加强画面的表现力，丰富画面的内涵。

四、影视广告音乐制作

音乐旋律往往能直接进入人的心灵，优美的音乐直接增强广告的表现力，为商品的促销做好更强的风格渲染，甚至让人们记住音乐，在音乐的哼唱中去记住产品，帮助产品在市场中获得更好的美誉度。

广告音乐能够增强整个广告表达的相应气氛感，散布出各种环境氛围，将广告的意象空间进行扩大发挥。广告歌曲是广告音乐中独特的广告形态，它在向人们传达商品信息时也带给人们欣赏音乐的需要。广告歌曲分成原唱和借用两种。原创的歌曲就是直接根据广告内容进行原创的；借用的歌曲是将别的歌曲借用过来，用以表达现有的产品。其实，不管是哪种歌曲形式，都必须个性鲜明，打动人们的记忆点，让人越听越想听、越听越顺耳，激起人们的购买欲望，这样才能准确促使整个品牌要素得到完美的表达。

拍摄完后进行音乐表现，就是根据影像来进行配乐。值得注意的是，用音乐的风格、长度、强度来表现影像，达到完美的配合。当然，影像也不是一点都不能变的，有时音乐制作人员发现影像实在不符合音乐要求，可以要求改变部分的影像。

（一）广告编曲和作曲

本书不涉及如何编曲和作曲，这些音乐专业任务需要专业的编曲人员和作曲家来完成，我们在此仅以导演的视角来看待编曲和作曲在影视广告中的作用。音乐是广告片中必不可少的要素，我们这里所定义的编曲，指利用相关音乐素材进行二次加工编辑，最终形成符合广告片本身音乐风格的一个过程；作曲则指原创音乐，由作曲家根据广告片的风格量身定制。这两种方式各有利弊，编曲的优势是借用版权素材音乐，混编进行二次创作，如果挑选的音乐素材好，加上音乐编排合理，完全可以得到很理想的广告音乐。这种方式相对比较节约成本，性价比较高，不足的是这种编曲方式完全依赖于音乐素材，巧妇难为无米之炊，一旦没有合适的音乐素材，效果就会大打折扣。

作曲在这方面就不一样了，它针对广告片的内容进行原创音乐的作曲，不受素材音乐的限制，专门针对广告本身的独特风格来作曲，是纯粹的广告音乐，具有强烈的识别性，能充分表达广告诉求的商业属性，这一点是素材音乐编曲无法达到的。原创音乐的不足是，它非常考验作曲家的能力和水平，一旦作出的曲子达不到广告本身的要求，对广告片的伤害就很大。如果是理解方向上的问题，音乐效果尚可调整过来；但如果是能力问题，则会带来很多困扰。

虽然原创音乐成本较高，但还是值得鼓励。音乐素材很容易与别人重复，缺乏识别性。因此，如果预算充足，最好采用原创音乐，这可以使广告片更加多元化和个性化，从音乐创作的角度讲，这也是对原创音乐的一种尊重。

这里有个误区，很多人认为广告音乐只是作为背景音乐而存在的，是附属于广告片的一种情绪表达和意境渲染。其实不然，广告音乐更重要的作用是推进情节的发展或情景的转折，并非完全只起到背景音乐的作用，它更重要的作用是与广告视频产生化学反应，迸发出综合的广告传播能量。广告音乐的这个特点值得关注。

（二）影视广告音乐的剪辑

编导应该根据自身的影视广告需要来选择合适的音乐，作为编导，平时就应该注意搜集各种音乐，做好自己的音乐资料库，随时可以使用。在有条件的情况下，使用全新的音乐是很有必要的。一般而言，影视广告中的不少音乐是来自音乐库当中的，为了使广告画面和情绪保持一定的匹配度，编导必须要保持音乐的完整度，并对音乐进行剪辑。

1.确定音乐的剪辑点

对音乐进行剪辑，一定要找到合适的剪辑点。音乐的剪辑点有以下几处：一是音乐的强拍起始点；二是休止处，包括音乐中的起承转合点，音乐的停顿、句末、换气的点都是剪辑点；三是节奏变化处，音乐的节奏变化就是剪辑点。对这三个地方进行剪辑就是为了保证音乐的完整度，使音乐不至于破碎。在音乐完整的基础之上，音乐要和画面内容结合起来。当画面内容结束后，音乐还没结束时，往往会给观众一种错位的感觉，这也正是音乐和画面和谐搭配的重要原因。在微电影广告中还出现某个交响乐演奏，如果是合奏，则用全景表现；如果是个别乐器演奏开始，就要将镜头直接指向该乐器，用近景、特写来进行表现。

2. 确定音乐的衔接点

电视剪辑中经常会出现淡入淡出的画面，这种基本技法在音乐衔接中就是弱进弱出。弱进弱出是音乐衔接的基本技能。对于影视广告而言，音乐是要用来配合画面的，音乐的弱进弱出是要和画面匹配的。音乐的弱进指的是音乐在编辑的时候，音量由小变大；音乐的弱出指的是音乐在编辑的时候，音乐由大变小，甚至消失。当观众在观看影视广告时，感觉不到音乐什么时候来，什么时候走。

3. 确定音乐的音量度

影视广告在制作过程中，除了本身的音乐，还有同期声、解说。在整个广告的播放过程中，如果音乐、同期声、解说同时出现，三者的地位是不同的。依据三者的主次关系，可以这样来区分次序，最高的是解说，其次是同期声，再次是音乐。为保证解说和同期声的质量，在解说、同期声、音乐同时出现时，要将音量控制住，不要使音乐的音量过大，超过解说和同期声的音量。一般而言，音乐和解说、同期声的音量控制比例在1：3左右。如果解说或同期声出现一定的间断时，则可以使音乐声回到正常的音量。

如果要使音乐的感染力加强，可以在整个影视广告当中，对个别情节进行渲染，促使情节能够符合音乐的表现力，从而形成一定的音乐感染力。

音乐作为影视广告的重要组成部分，它具备很强的审美特性，在广告构成中，和画面一起组成了完整的影视广告语言。因此，在整个影视广告制作过程中，音乐具有很强的作用。

参考文献

[1] 苏夏.影视广告创意与制作 [M].上海：上海人民美术出版社，2009.

[2] 杨仁敏.影视广告 [M].重庆：重庆大学出版社，2012.

[3] 刘泓.广告美学 [M].北京：中央广播电视大学出版社，2011.

[4] 丁俊杰，康瑾.现代广告通论 [M].北京：中国传媒大学出版社，2013.

[5] 陈海英.中外影视广告创意：元素、原则与方法 [M].北京：社会科学文献
    出版社，2019.

[6] 刘波.电视广告视听形象与创意表现 [M].太原：山西人民出版社，2006.

[7] 王琦.影视广告叙事：本质、类型与特征叙事丛刊（第一辑）[M].北京：
    中国社会科学出版社，2008.

[8] 何洁.广告与视觉传达 [M].北京：中国轻工业出版社，2013.

[9] 潘惠德.影视广告策划与制作 [M].上海：上海交通大学出版社，2011.

[10] 孙亿文，王焱，傅洁.广告创意与策划 [M].北京：人民邮电出版社，
     2015.

[11] 孙军.跨文化视角下的影视广告创意研究 [J].鞋类工艺与设计，2023，3
     （16）：51-53.

[12] 胡心馨，罗世晟.影视广告制作中数字媒体技术中的调色与剪辑研究 [J].
     声屏世界，2023（3）：74-76.

[13] 张稣寒.浅谈影视广告作品中的摄影技巧运用分析 [J].艺术评鉴，2021
     （17）：173-175.

[14] 林安齐.影视广告传播中视觉形象符号运用研究 [J].声屏世界，2021（17）：
     84-85.

[15] 许紫薇.略谈影视广告中剪辑的技术与艺术 [J].鞋类工艺与设计，2021（14）：80–81.

[16] 修昕昕，林茹.影视广告创意探究 [J].大众文艺，2017（2）：207.

[17] 闫浩.影视广告创意分析 [J].西部皮革，2016，38（10）：61–62.

[18] 翟昀.影视广告制作的发展与创新 [J].现代装饰（理论），2016（10）：163.

[19] 张心豪.影视广告的"大创意"与"巧制作" [J].中国广告，2007（11）：88–89.

[20] 杜娟.影视广告中的故事脚本创作 [J].现代视听，2008（12）：62–64.

[21] 程晨.当代影视广告叙事方法研究 [D].金华：浙江师范大学，2013.

[22] 付帆.论影视广告听觉形象的语言规则及其符号意指 [D].北京：中国美术学院，2008.

[23] 王婍.镜头语言在影视植入式广告中的应用研究 [D].杭州：浙江理工大学，硕士，2013.

[24] 迟红蕾.超符码时代影视广告中的蒙太奇——影视广告中的符号与蒙太奇 [D].北京：中央美术学院，2007.

[25] 孔静.影视广告镜头与音效的虚实关系研究 [D].济南：山东工艺美术学院，2016.

[26] 杨岚.蒙太奇在影视广告中的应用研究 [D].济南：齐鲁工业大学，2015.

[27] 方元.影视广告的艺术化创作研究 [D].兰州：西北民族大学，2011.

[28] 刘玲.影视广告中的视觉表现形式研究 [D].武汉：湖北工业大学，2009.

[29] 刘莹.影视广告的节奏构成关系 [D].大连：辽宁师范大学，2013.

[30] 杨华.中泰影视广告创作比较研究 [D].桂林：广西师范大学，2020.